KB125455

1등의
공부법

1등의 공부법

초판 1쇄 발행 2022년 12월 31일
2쇄 발행 2023년 05월 15일

지 은 이 장자령
발 행 인 권선복
편 집 권보송
디 자 인 김소영
전 자 책 서보미
마 케 팅 권보송
발 행 처 도서출판 행복에너지
출판등록 제315-2011-000035호
주 소 (157-010) 서울특별시 강서구 화곡로 232
전 화 0505-613-6133
팩 스 0303-0799-1560
홈페이지 www.happybook.or.kr
이 메 일 ksbdata@daum.net

값 20,000원

ISBN 979-11-92486-46-8 (13190)

* 이 책은 춘천시문화재단 지원으로 발간되었습니다.

학원, 과외 없이
서울대에 합격한 노하우!

1

1등의 공부법

장자령 지음

도서출판 행복에너지

뇌 과학 공부법으로 매년 성적을 향상시켜라

'어떻게 하면 공부를 더 잘할 수 있을까?'

필자는 학창 시절 내내 공부를 더 잘하고 싶은 성장의 욕구가 강했던 학생이었다. 따라서 평소에도 더 효율적이고 효과적인 공부법에 대해 끊임없이 연구했으며, 여러 권의 공부법 도서와 강의들을 통해 학습의 개선점을 모색했었다. 그 결과 교육 인프라가 상대적으로 부족한 지방에서 학원이나 과외의 도움 없이 자기주도학습을 통해 서울대학교에 최초 합격하는 결실을 거둘 수 있었다.

필자의 학창 시절 성적에는 눈에 띄는 특징이 한 가지 있다. 바로 중학교 1학년부터 고등학교 3학년 졸업까지 6년간 '매년' 성적이 향상되었다는 것이다. 중학교 때는 1학년 때 전교 10등, 2학년 때 전교 7등, 3학년 때 전교 3등 정도의 성적을 거두며 지속적인 성적 향상을 이뤄냈으며, 전체 2등으로 학교를 졸업하게 되었다. 고등학교는 자율형 사립고등학교에 진학하였는데, 많은 학생들이 이과를 선택하였기에 문과 인원이 60명에 불과했다. 즉, 문과 과목들의 내신 1등급이 2명밖에 되지 않았다. 하지만 나는 많은 연구와 고민을 통해 최적의 내신 공부법을 찾으려 꾸준히 노력했고, 결과적으로 1학년 1학기부터 3학년 1학기까지 내신 성적을 다음과 같이 상승시킬 수 있었다.

2.0 – 1.8 – 1.5 – 1.3 – 1.1

말 그대로 '매 학기' 성적이 향상되었다. 게다가 고등학교 3학년 1학기에는 내신 준비에 관한 완벽한 노하우가 완성된 덕분에 전 과목에서 단 1문제만 틀리는 등, 최상위권의 성적을 거두기도 했다.

모의고사도 비슷하게 성적이 향상되었다. 고등학교 입학 당시 배치 고사에서 만족스러운 점수를 받지 못한 것을 계기로 본격적으로 공부에 집중하기 시작해 고등학교 입학 전 겨울 방학 동안 낮에는 학교에서 특강 수업들을 듣고, 오후에는 동네 도서관에서 모의고사 기출문제들을 풀며 고1 3월 첫 시험을 준비했다. 도서관으로 걸어서 이동하는 길에 편의점 김밥을 먹으며 끼니를 해결할 정도로 집중해서 공부했다. 그 결과 첫 모의고사에서 전국 상위 0.5% 이내의 성적을 거두었으며 이후 고등학교 3년간의 모의고사에서 1등급을 놓치지 않았고, 고3 6월·9월 평가원 모의고사에서는 단 1문제만을 틀리는 성과를 거두기도 했다. 또한, 고3 4월 모의고사에서는 전국 수석을 차지하며 수험생으로서 자랑스러워할 만한 성적을 거두기도 했다.

하지만 저자의 학창 시절이 평탄하기만 했던 것은 아니다. 평소 학업 스트레스를 심하게 느꼈으며 수능 날에는 긴장을 많이 한 탓에 그간 준비해 온 과정에 비해 다소 아쉬운 성적을 거두었다.

이 사건을 계기로 필자는 수험생에게 심리적 요인, 즉 '멘탈'이 얼마나 중요한 요소인지를 느낄 수 있었고 대학 입학 후 '학습심리' 전공과목을 수강하고, 관련 도서들을 읽으며 학업 과정에서 최상의 멘탈을 유지하는 방법에 관해 연구했다.

그러나 아쉽게도 시중에는 수험생들을 위한 '심리학'을 다룬 도서가 많지 않았다. 실제로도 필자가 학창 시절부터 읽은 수많은 공부법 도서 중 학습심리, 마인드셋에 관한 체계적인 지식을 다룬 책은 없었다. 대부분 개인의 경험담과 주관적인 공부 방법의 나열에 그칠 뿐이었다. 심리적으로 유용한 조언들은 대부분 20대 이상의 독자를 대상으로 한 '자기계발서'나 '교육학 전공서적'에 수록되어 있는 경우가 많았다.

나는 이에 큰 아쉬움을 느꼈고, 불안한 수험 생활 속에서 저마다 최선을 다하며 나아가고 있을 학생들에게 도움을 주고자 학습에 도움이 될 만한 심리학 이론을 선별하여 해당 도서에 수록하였다. 또한 공부법에 있어서도 개인적인 노하우와 함께 객관적인 연구에 기반을 둔 '뇌 과학' 분야 이론을 함께 제시하였다. 이 방법들은 한번 제대로 익혀 둔다면 학창 시절뿐 아니라 평생을 살아가며 학습하는 데 도움을 받을 수 있을 것이다.

최근 입시전형이 다양화되면서 일일이 찾아 공부하지 않으면 이해하기 힘들 정도로 대입이 복잡해지고 있다. 입시에서는 전문 용어가 사용되기에 갓 고등학교에 입학한 1학년 학생들과 중학생들은 입시용어부터 어렵게 느껴질 것이다. 이들을 위해 책의 맨 뒷부분에는 별책 부록파트를 구성하여 학생들이 꼭 알아야 할 입시 정보들을 수록하였다. 꼭 알아야 할 입시용어와 대입의 전반적 구조, 고등학교 3년간 관리해야 할 학생 생활기록부 및 자기소개서의 작성 요령을 상세히 수록하였으니 꼼꼼히 읽어본다면 입시 과정에서 많은 도움을 얻을 수 있을 것이다.

해당 책을 집필함으로써 많은 학생에게 도움이 될 지식을 체계적으로 정리할 수 있게 되어 매우 기쁘다. 부디 학생들을 위한 최적의 조언을 해주기 위해 끊임없이 고민한 나의 수년간의 노력이 여러분에게도 전달되었으면 좋겠다. 자, 그럼 지금부터 완벽한 학습을 위한 여정을 함께 떠나보자!

목차

3장 입시 성공 마인드셋 장착

4장 계획 수립의 모든 것

5장 학습의 원리: 이해와 암기

6장 교과별 공부법 핵심 노하우

7장 실전 학습 노하우

8장 실행력과 집중력의 비밀

9장 수험생의 자기 관리

부록 대학 입시, 20분 만에 완벽 마스터!

1장

공부,
멘탈부터
바로잡자!

01

가장 중요한 것은 '공부 마인드'

첫 단원에서는 '공부 마인드'를 점검하는 시간을 가져 볼 것이다. 어떤 분야든 가장 중요한 것은 바로 '마인드'이다. 당장 공부법이 궁금하더라도 이 챕터를 넘기지 말고 꼼꼼히 읽어보길 바란다. 자신에게 맞게 제대로 적용하기만 한다면 근본적인 공부 마인드에 큰 변화를 가져다줄 것이다. 이는 앞으로 인생에서 여러분이 원하는 목표를 달성해 나가는 과정에서도 큰 힘이 되어줄 것이다.

아기 코끼리와 벼룩 이야기

먼저 두 가지 일화를 살펴보자. 이 일화들 속에는 학습에 있어 매우 중요한 원리가 담겨있다. 여러분은 서커스단에서 키우는 코끼리를 본 적이 있는가? 아마 TV나 책을 통해 묘기를 부리는 코끼리의 모습을 한 번쯤 본 적이 있을 것이다. 서커스단의 코끼리는 각양각색의 분장을 하고 거대한 몸집으로 여러 가지 재주를 부리며 관객들을 즐겁게 한다. 하지만 더 신기한 점은, 코끼리가 사람보다 훨씬 힘이 강함에도 불구하고 서커스단을 탈출하려 시도하지 않는다는 점이다. 사실 코끼리 정도의 힘이라면 말뚝을 부수고 우리 밖으로 탈출하는 것은 식은 죽 먹기이다. 하지만 왜 서커스단의 코끼리는 탈출을 시도하지 않고 평생 좁은 우리 속에서 살아가는 것일까?

▲ 서커스단의 코끼리

그 원인은 바로 어린 시절의 기억 때문이다. 서커스단에서는 코끼리가 태어나면 아주 어린 시절부터 말뚝에 묶어 둔다. 갓 태어난 아기 코끼리는 힘이 약하기 때문에 아무리 안간힘을 써도 말뚝에서 벗어날 수 없다. 그렇게 시간이 지날수록 아기 코끼리는 말뚝을 자신의 '한계'로 생각해 버리게 된다. 그리고 이 기억은 코끼리가 다 자랄 때까지 이어져, 족쇄를 뽑아버릴 만큼 힘이 충분히 강해진 이후에도 더는 탈출을 시도하지 않게 된다.

그렇게 많은 코끼리가 평생을 말뚝 주변에서 살다가 생을 마감한다.

다른 일화는 벼룩에 관한 것이다. 벼룩은 흔히 자기 몸의 최대 100배의 높이까지 점프할 수 있는 것으로 알려져 있다. 하지만 만약 벼룩을 작은 유리컵에 오랫동안 가두어 두었다가 풀어주게 되면 어떤 일이 발생할까? 놀랍게도 벼룩은 더 이상 이전만큼 높게 점프하지 못한다. 유리컵 안에 갇혀 있는 동안 계속 천장에 부딪히게 되면서 '높게 뛸 수 없다'라는 사실이 각인되기 때문이다.[1]

위 두 가지 일화의 공통점이 무엇일까? 이는 바로 '현재는 아무런 장애물이 없음에도 과거의 기억으로 인해 자신의 기량을 충분히 발휘하지 못한다는 점'이다. 이와 같은 현상을 두고 미국의 심리학자인 마틴 셀리그만 교수는 '학습된 무기력'이라고 명명했다.

학습된 무기력은 무엇인가?

'학습된 무기력'이란 피할 수 없거나 극복할 수 없는 환경에 반복적으로 노출되는 경험으로 인해 현재는 자신의 능력으로 장애물을 극복할 수 있음에도 무기력한 태도로 자포자기하는 현상을 뜻한다.[2] 마틴 교수는 다른 실험을 통해서도 학습된 무기력 증상을 증명했다.

해당 실험에서는 개들을 A, B, C 그룹으로 나눈 후 좁은 방에 가두고 전기충격을 가하였다. A그룹은 개가 스위치를 누르면 전기충격을 멈출 수 있었다. B그룹은 멈출 수 없게 하였다. C그룹은 전기충격 없이 개들을 그냥 가둬두기만 했다.

이후 다시 한번 실험이 진행되었는데, 이번에는 개들이 전기충격을 피해 다른 공간으로 이동할 수 있도록 장소를 설계했다. 그렇다면 이번 실험의 결과는 어땠을까?

A그룹의 개들은 이전 실험에서 스위치로 전기충격을 멈출 수 있었던 기억으로 인해 두 번째 실험에서도 여러 가지 시도를 해보다가 결국 다른 방으로 넘어가는 데 성공했다. 이전 실험에서 아무런 전기충격도 받지 않았던 세 번째 집단도 탈출에 성공했다. 하지만 놀랍게도 이전 실험에서 전기충격을 멈출 수 없었던 B그룹의 개들은 아무런 시도도 하지 않은 채 제자리에 앉아서 신음만 내고 있었다. 과거에 아무리 노력해도 전기충격에서 벗어날 수 없었던 기억으로 인해 '학습된 무기력'에 빠지게 된 것이다.[3]

이와 같은 현상은 학생들에게서도 자주 관찰된다. 예를 들어 이전에 시험 준비를 열심히 했음에도 기대 이하의 결과를 받은 경험을 한 학생이 있다면 다음부터는 공부를 열심히 하지 않게 된다. 어차피 공부해도 좋은 성적을 받지 못한다는 생각에 아예 공부를 놔 버리는 것이다. 이것이 바로 '학습된 무기력'의 대표적인 증상이다.

하지만 우리는 성장 과정에서 자신의 능력이 계속 향상되고 있다는 점을 기억해야 한다. 마치 아기 코끼리가 성장 과정에서 힘이 세지는 것처럼 말이다. 또한 벼룩을 가로막았던 유리컵처럼 과거에 나를 방해했던 환경과 조건들이 지금은 사라졌을 수도 있다. 그러니 과거의 기억에 얽매여 현재 내가 할 수 있는 노력조차 시도하지 않는 것은 어리석은 일이다.

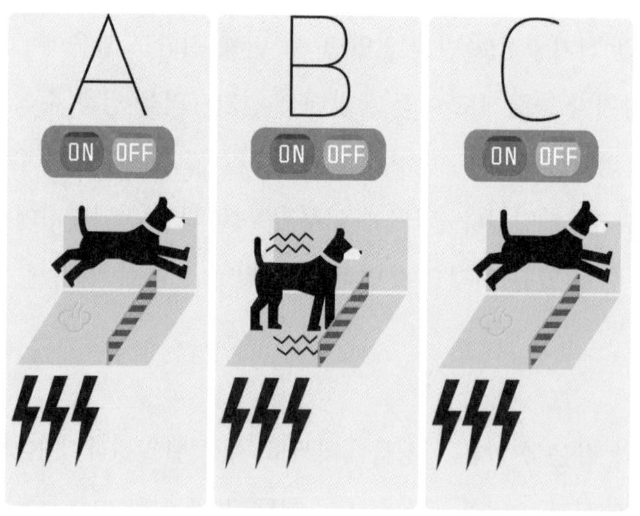

▲ 마틴 교수의 학습된 무기력 실험

하지만 이렇게만 이야기하면 여러분에게 크게 와닿지 않을 것이다. '에이, 나는 애초에 머리가 좋지 않게 태어났어'라고 생각하는 학생도 있을 수 있다. 이런 학생들을 위해 또 다른 흥미로운 실험 결과를 소개하고자 한다. 다음 장을 살펴보자.

02

영국의 택시 기사들은 천재라고?

런던 택시 기사의 비밀 : 신경가소성

아래 사진은 런던 시내의 지도이다. 지도를 처음 보았을 때 어떤 생각이 드는가?

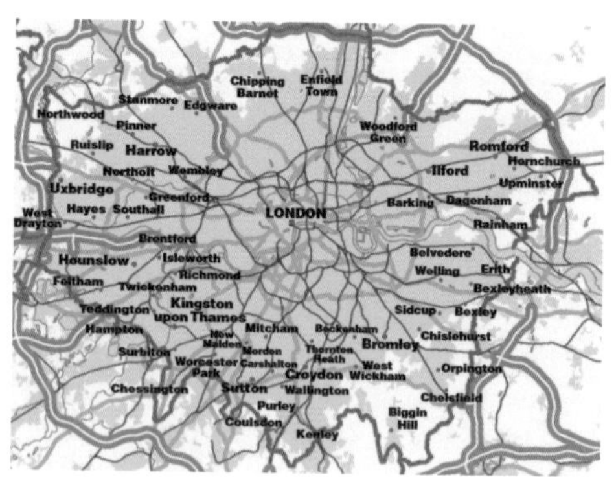

▲ 런던 시내의 지도

아마 굉장히 복잡하다는 생각이 먼저 들 것이다. 실제로 런던의 도로는 전 세계에서도 가장 복잡한 편으로 알려져 있다. 심지어 주소 역시 불규칙해 원하는 장소를 찾아가기가 상당히 힘들다. 이러한 도시에서 택시 기사가 되기 위해서는 런던 중심가에 있는 채링 크로스역에서부터 반경 6마일(약2.5km) 안에 있는 2만 5,000개의 도로와 2만 개의 랜드마크를 모두 외워야 한다. 시내의 지리와 모든 경로를 익히는 데만 3~4년이 족히 걸린다고 한다.

그렇다면 이 모든 테스트를 통과한 런던의 택시 기사들은 과연 어떤 사람들일까? 보통 사람들보다 뛰어난 공간지각력과 아이큐를 가진 사람들일까? 실제로 이에 궁금증을 가진 런던의 신경과학자 엘리너 매과이어 교수는 일반 남성과 택시 기사의 뇌 구조를 비교하는 실험을 진행하였고 MRI를 이용해 뇌를 촬영하였다. 그 결과는 어떠했을까?

놀랍게도 런던 택시 기사들은 같은 나이의 일반인들에 비해 기억과 학습을 담당하는 뇌의 해마 부위가 더 큰 것으로 밝혀졌다. 하지만 이 연구결과에는 반전이 숨어 있다. 이제 막 택시 기사가 된 사람의 뇌는 평범한 사람의 뇌와 크게 다르지 않았다. 즉, 런던 택시 기사들은 운전 경력이 쌓이면서 해마가 점점 발달하게 된 것이지, 처음부터 특별한 뇌를 가진 것이 아니었다. 경험이 많은 택시 기사일수록 해마가 더 발달해 있었으며, 은퇴하고 나면 해마 부위가 해마다 줄어든 것으로 밝혀졌다.[4]

과거에는 누구나 성인이 되면 뇌에 있는 신경회로가 고정되어 더는 성장하지 않는다고 믿어 왔다. 하지만 발전된 뇌 과학 연구로 인해 뇌의 신경회로가 평생 끊임없이 변한다는 것이 밝혀진 것이다.

우리가 살아가며 보고, 듣고, 읽고, 맛보고, 냄새 맡고, 움직이는 모든 활동이 뇌를 변화시킨다. 이처럼 '뇌가 변화하고 성장한다'라는 개념을 '신경가소성'이라고 부른다.[5]

만약 여러분이 지금까지 자신의 지능이나 능력이 고정된 것이라고 믿어 왔다면, 오늘부터 생각을 바꾸길 바란다. 헬스장에서 운동을 하며 근육을 키울 수 있듯이 뇌 역시 반복적인 훈련을 통해 얼마든지 바꿀 수 있다. 게다가 뇌의 성장에는 나이 제한도 없다. 뇌는 다른 신체 부위와 달리 나이가 들어감에 따라 무조건적으로 퇴화하지 않으며 80살, 90살이 되어도 세포 간의 새로운 연결을 만들어낼 수 있다.[6]

실제로 이러한 뇌의 변화무쌍함은 아홉 살의 나이에 희귀병을 앓고 있는 카메론 모트의 사례를 통해서도 확인되었다. 카메론은 세 살 때부터 라스무센뇌염이라는 희귀병을 앓았으며 결국 심각한 뇌염이 생겨서 우뇌를 제거하는 수술을 받게 되었다.

그런데 우뇌를 제거하면 왼쪽 몸이 완전히 마비될 것이라는 의사들의 예상과 달리, 카메론은 수술 후 완벽하게 회복했다. 그 비밀은 '뇌의 신경가소성'에 있었다. 우뇌를 제거한 후 우뇌의 기능을 수행할 신경 경로를 그의 좌뇌가 만들기 시작한 것이다. 특히 그는 나이가 어렸기에 신경 경로의 생성이 더욱 빨랐다. 결국 카메론은 수술 4주 만에 걸을 수 있게 되었으며 학교에서 또래와 함께 정상적으로 공부도 할 수 있었다.

이러한 카메론의 일화를 흥미롭게 여긴 스탠퍼드대학교 교육대학원의 조 볼러 교수는, 평균적인 수학 실력을 지닌 중학생 83명을 대상으로 17일간의 여름 수학 캠프를 열었다. 조 볼러 교수는 캠프에 참여한 중학생들에게 카메론 모트의 뇌 사진을 보여주며 그의 뇌가 어떻게 회복되어 기능하고 있는지 이야기해줬다.

평소 자신은 수학에 재능이 없다고 생각하던 83명의 학생들은 뇌가 절반밖에 없는 아이도 수학을 잘한다는 사실에 큰 충격을 받았다. 이후 17일간의 캠프 동안 학생들은 수학을 더 배웠고 캠프 마지막 날 시험을 치렀다. 그들의 성적은 어떻게 변화했을까? 시험의 난이도는 캠프에서 첫날 치른 시험과 유사한 수준이었지만, 마지막 날 친 수학 시험에서 학생들의 평균 점수는 무려 50% 향상되었다. 수학에 겁을 먹고 자신이 부족하다는 착각에 빠져 있던 아이들이 뇌는 훈련하는 만큼 자란다는 것을 알게 되자 단기간에 엄청난 성장을 해낸 것이다.[7]

성장형 마인드셋 VS 고정형 마인드셋

이와 같은 사례들은 스탠포드 대학 심리학과 교수 캐럴 드웩이 저서 『마인드셋』에서 설명한 '성장형 사고방식'과 유사하다. 그녀에 따르면 모든 사람은 자신의 능력치에 관해 둘 중 하나의 믿음을 가지고 있다고 한다. 첫 번째 믿음은 '모든 사람이 타고난 대로 고정된 채 살아간다'라고 생각하는 '고정형 사고방식'이다. 두 번째 믿음은 '자신의 노력 여하에 따라 지능과 성격 등은 변할 수 있다'라고 믿는 '성장형 사고방식'이다. 두 사고방식의 차이점은 다음과 같다.

	고정형 마인드셋	성장형 마인드셋
기본 전제	지능은 정해져 있다	지능은 향상될 수 있다
욕구	남들에게 똑똑하게 보이고 싶다	더 많이 배우고 싶다
도전 앞에서	도전을 피한다	도전을 받아들인다
역경 앞에서	쉽게 포기한다	맞서 싸운다
노력을	하찮게 여긴다	완성을 위한 도구로 여긴다
비판에 대해	옳더라도 무시한다	비판으로부터 배운다
남의 성공에 대해	위협을 느낀다	교훈과 영감을 얻는다
결과	현재 수준에 정체되고 잠재력을 발휘하지 못한다	잠재력을 발휘해 최고의 성과를 낸다.

고정형 마인드셋 VS 성장형 마인드셋[8]

성장형 마인드셋을 지닌 사람은 지능은 향상될 수 있다는 믿음을 바탕으로 더 많이 배우고 도전한다. 따라서 시간이 지날수록 자신의 잠재력을 발휘해 최고의 성과를 내게 된다. 게다가 조 볼러 교수에 따르면 애초에 특정 영역에서 별다른 노력 없이 탁월한 성과를 낼 수 있을 만큼 뇌가 발달한 경우는 0.001%도 되지 않는다고 한다. 즉, 타고난 재능에 관하여 기존에 우리가 가진 믿음을 바꿀 필요가 있는 것이다. 우리는 한 분야나 특정 과목에 높은 성취를 보이는 학생을 두고 '재능을 타고났다'라고 이야기하지만, 사실 뇌의 차별성을 고려하더라도 수학 머리, 글쓰기 재능, 미술 감각, 음악 재능 같은 것을 갖고 태어나는 경우는 없다. 약간의 유리한 점은 있을 수 있지만, 누구나 성장을 위해서는 반복 훈련이 필수적이며 이를 통해 뇌 신경망을 발전시켜야 한다.[9]

따라서 '나는 타고나지 않아서 ○○를 못해'라고 생각한다면 이는 완전한 오해다. 재능이 없는 것이 아니라 훈련이 부족한 것이다. 재능도 반드시 많은 훈련을 통해서 개발되고 성장해야 한다. 특히 재능에 관한 사회적 고정관념을 조심하도록 하자. 가령 많은 사람들이 '남학생은 언어에 약하고, 여학생은 수학에 약하다'라는 통념을 믿고 있지만, 여러 연구에서 이는 사실이 아닌 것으로 밝혀졌다.[10]

게다가 자신에 관한 잘못된 믿음을 갖게 되면 '피그말리온 효과'로 인해 해당 믿음이 실제 현실로 구현될 수 있기에 더더욱 주의를 기울여야 한다. 피그말리온 효과란 '무언가에 대한 믿음, 기대, 예측이 실제로 일어나는 경향'을 뜻하며, 1964년 미국의 교육심리학자 로버트 로젠탈에 의해 밝혀졌다.

로버트 로젠탈은 1964년 봄, 한 샌프란시스코의 초등학교에서 '하버드식 돌발성 학습능력 예측 테스트'라는 지능 테스트를 진행했다. 학급 담임에게는 앞으로 수개월 안에 성적이 오르는 학생을 예측하기 위한 조사라고 설명했다. 그러나 사실 이 조사는 아무런 의미가 없는 것이었다. 담임선생님에게는 무작위로 뽑은 아동의 명부를 알려주며 해당 아동이 앞으로 수개월 내에 성적이 향상될 것이라고 말했다. 이후 학급 담임선생님은 해당 아이들의 성적이 향상될 것이라는 기대를 품었고, 그 아이들을 자주 격려했다. 그리고 8개월 후, 지능지수를 측정한 결과 실제로 해당 학생들의 성적이 향상된 것으로 밝혀졌다. 학생들이 교사의 기대와 격려에 부응하려고 노력하는 과정에서 자신이 똑똑하다는 사실을 믿고 성적향상을 이뤄낸 것이다.[11]

이처럼 사람은 실제 능력치와는 별개로 자신이 믿는 것을 현실로 구현하려는 특성이 있다. 따라서 평소 학습에 관해 어떤 마인드셋을 가졌는지가 성적에 큰 영향을 미친다. 만약 여러분이 지금까지 원하는 목표치에 비해 아쉬운 성적을 거두어 왔다면, 자신의 가능성에 대해 잘못된 믿음을 갖고 있기 때문일 수 있다. 혹은 과거의 기억들로 인해 '내 머리는 좋지 않아', '난 공부해도 안 돼'와 같은 고정형 사고방식에 빠져 있을 수도 있다. 만약 그렇다면 오늘부터 '성장형 마인드셋'을 갖추길 바란다. 여러분의 뇌는 얼마든지 변화할 수 있으며, 여러분은 생각보다 훨씬 더 큰 잠재력을 지니고 있다.

Q. 학습에 관한 나의 평소 마인드셋은?

03

가장 쉽게 성공하는 법 : 승자효과

'학습된 무기력'을 벗어나기 위해서 구체적으로 어떤 방법을 활용할 수 있을까? 가장 효과적인 방법은 바로 '승자효과'를 활용하는 것이다. 이 효과를 활용해 성공한 대표적인 인물로는 전설적인 권투선수 마이크 타이슨이 있다. 그의 이야기를 통해 '승자효과'에 관해 자세히 살펴보자.

복싱 세계챔피언, 마이크 타이슨

마이크 타이슨은 1980~90년대 복싱계 최고 스타로 활약하며 '핵 주먹'이라는 별명으로 불리기도 했다. 그는 어린 시절 아버지가 집을 나간 후 폭력과 절도를 일삼으며 소년원에 수감되기도 하였지만, 소년원에서 스승 다마토를 만나 복싱을 배우게 되었고 결국 크게 성공했다. 하지만 다마토가 사망하면서 타이슨은 다시 한번 방황을 하게 되었으며, 결국 성폭행 사건에 연루되어 3년간 감옥살이를 하게 된다.

3년 후 타이슨이 다시 세상에 나오게 되었을 때 많은 복싱 팬들은 수년간 훈련을 하지 못한 그가 과연 복싱계에 복귀할 수 있을지 궁금해했다. 당시에 돈 킹이라는 사람이 타이슨의 복귀 무대를 기획하게 되었고, 그의 첫 상대로 실력이 없는 선수를 배정했다. 결국 경기는 89초 만에 타이슨의 KO승으로 끝이 났다. 당시 권투 팬들은 지나치게 약한 상대와 경기를 치른 타이슨에 관해 불평을 쏟아냈다.

하지만 경기 기획자인 돈 킹은 아랑곳하지 않고 또다시 타이슨을 약한 상대와 시합하게 했다. 타이슨은 3라운드 만에 다시 한번 KO승을 거두게 되었다. 그리고 놀랍게도 9개월 뒤에 열린 세 번째 경기에서 세계챔피언 프랭크 브루노를 꺾고 새로운 세계챔피언이 되었다.[12]

돈 킹이 타이슨에게 처음에 약한 상대들을 배정한 이유는 바로 '승자효과'를 활용하기 위함이었다. 승자효과란 '한 번 싸움에서 이기게 된 자가 다음 싸움에서도 이길 확률이 높아지는 현상'을 의미한다.[13] 이는 승리의 과정에서 남성호르몬인 '테스토스테론'이 분비되는데 해당 호르몬은 사람을 공격적이고 도전적으로 만들기 때문이다.[14] 타이슨 역시 두 경기에서 승리를 거두는 과정에서 자신감을 얻으면서 세계챔피언과의 경기에서도 승리를 거둘 수 있게 되었다.

이 현상은 가재에게서도 동일하게 확인된다. 수컷 가재들은 우두머리를 결정하기 위해 치열한 전투를 벌이는데 싸움이 끝난 후 승자 가재와 패자 가재의 행동은 매우 다르다. 승자 가재는 승리 후 분비되는 호르몬의 영향으로 몸이 더 유연해져 온몸을 쭉 뻗는다. 이는 가재를 더 위협적으로 보이게 한다. 또한 껍질도 더 단단해지고 고통을 견디는 임계점도 더 높아진다. 반면 패배한 가재는 움츠린 모습을 보인다. 이런 차이로 인해 승리한 가재는 다른 싸움에서도 이기게 되고, 패배를 맛본 가재는 다음에도 또 지게 된다.[15]

승자효과, 이렇게 활용하자!

우리가 학습 과정에서 '승자효과'를 활용하기 위해서는 어떻게 해야 할까? 먼저 일상 속 작은 성공 경험들을 쌓아 나가는 것이 매우 중요하다. 매일 영어 단어 10개 외우기, 수학 문제 5문제 풀기, 성취일기 쓰기와 같은 행동을 꾸준히 지속해 나간다면 승자효과가 발휘될 수 있다. 또한 계획을 세우는 과정에서도 모든 과목에 욕심을 내기보다 '한 과목, 한 단원'을 완전히 마스터하는 방향으로 플랜을 짜는 것이 좋다. 성적이 오르는 경험을 통해 성취감을 느낄 수 있기 때문이다.

이 원리는 공부 시간에도 동일하게 적용 가능한데, 처음부터 오랜 시간을 공부하겠다고 결심을 하는 것은 좋지 않다. 열에 아홉은 실패를 경험하기 때문이다. 최악의 경우 하루 이틀 억지로 공부를 하다가 완전히 공부에 질려버려서 며칠을 연달아 쉬게 될 수도 있다. 이때도 처음에는 3시간 공부, 4시간 공부와 같은 식으로 작은 성공 경험을 쌓아 갈 수 있도록 목표를 세워야 한다. 절대 처음부터 과한 목표를 세워서는 안 된다. 작은 목표부터 시작해 점점 크게 키워 나가야 한다. 그럴 때만이 '승자효과'를 활용하여 수월하게 목표를 달성할 수 있게 된다.

게다가 승자효과는 학업 성취에 매우 중요한 심리적 요인인 '자아효능감'과도 연결된다. 자아효능감이란 '어떤 과제를 수행할 때 필요한 능력이 나에게 있는가 없는가에 대한 신념'으로 1977년 심리학자 앨버트 반두라에 의해 발견된 개념이다.[16] 다시 말해 '내가 주어진 공부 내용을 얼마나 효과적으로 성취해 낼 수 있는가'에 대한 믿음이 곧 자아효능감이라고 할 수 있다.

자아효능감이 높은 학습자일수록 어려운 문제나 개념을 직면했을 때 더 오래 노력하고, 더 많이 성취해낸다. 실제로 지능과 학업 성취 간에는 25%의 상관관계가 있지만,[17] 자기효능감과 학업 성취 간에는 훨씬 더 큰 34.2%의 상관관계가 있는 것으로 밝혀졌다.[18] 특히 수학 과목에서는 자기효능감이 미치는 영향이 무려 40.2%에 달한다. 따라서 높은 학업 성취를 거두기 위해서는 자기효능감을 높게 유지하는 것이 매우 중요하다.

자기효능감을 높이는 과정에서도 '승자효과'는 효과적으로 활용된다. 사람이 한 번 승리를 경험하면 자신에게 승리할 수 있는 능력이 있다고 믿기 시작하기 때문이다. 또한 자기효능감이 높아지면 자연스레 끈기가 강해져 학업 성취도가 높아지고, 높아진 학업성취가 다시 자기효능감을 높이는 선순환이 가능해진다. 여러분도 오늘부터 승리의 감정을 느낄 수 있는 작은 목표들을 세우고 달성해볼 수 있도록 하자.

Q. 승자효과를 활용하기 위한 나의 작은 목표들은?

04

나의 가능성은 무한하다!

지금까지 '학습된 무기력'이 발생하는 이유와 '성장형 마인드셋'의 중요성, 그리고 '승자효과'를 통해 '자아효능감'을 높이는 방법까지 살펴보았다. 이제 여러분들은 한계에 관한 믿음이 어린 시절의 일부 경험으로부터 형성된 것에 불과하며, 성장 과정에서 얼마든지 노력 여하에 따라 한계를 극복할 수 있다는 사실을 알게 되었을 것이다. 실제로도 한계에 대한 믿음을 깨부수고 모두가 불가능하다고 생각했던 목표를 달성해낸 사례는 무수히 많이 존재한다. 여러 분야의 유명한 사례들을 몇 가지 살펴보자.

한계를 뛰어넘은 사람들

1950년대의 과학자들은 인간이 1마일(약 1.6km)을 4분 이하로 주파하면 몸에 무리가 와서 죽는다고 생각했다. 과학자들이 이처럼 주장하니 그 누구도 쉽게 4분의 장벽을 깨지 못하고 있었다. 하지만 1954년 5월 6일, 로저 배니스터라는 남성이 최초로 1마일을 4분 이하로 주파하는 데 성공했다. 옥스퍼드 의대생이었던 그는 직접 신체 기능을 공부하며 가장 효율적으로 달릴 방법을 찾아낸 것이다.

더 놀라운 점은 그가 기록을 깬 뒤로 이를 능가하는 신기록이 단기간에 줄줄이 나왔다는 점이다. 이전에는 안 될 거라는 생각으로 신기록 달성을 시도조차 하지 않다가 불가능하다는 믿음이 깨지니 자신의 능력을 십분 발휘한 사람들이 대거 나오게 된 것이다.[19]

◀ 최초로 1마일을 4분 이하로 주파한 로저 배니스터의 동상

1960년대에 체육계에도 유사한 일이 일어났다. 그전까지 사람들은 인간이 높이뛰기 종목에서 2m 이상의 높이를 뛰어넘는 건 불가능하다고 생각했다. 아무도 성공하지 못했기 때문이다. 하지만 높이뛰기 선수 딕 포스베리는 분명 가능한 방법이 있을 거라 믿으며 도전을 멈추지 않았다. 그리고 배를 위로 향하게 한 채 뛰어넘는 방식인 '배면뛰기'라는 새로운 방법을 발견했다. 기존의 모든 선수들은 배를 아래로 향하게 한 채 뛰었기에 이는 완전히 새로운 방법이었다. 결국 포스베리는 배면뛰기를 통해 2m 24cm라는 기록을 세우며 1964년 멕시코 올림픽에서 금메달을 차지했다.[20]

1990년대 후반에는 오토바이에 관한 재미있는 사건이 있었다. 이전까지는 오토바이를 타고 뒤로 공중제비를 도는 것이 불가능한 일로 여겨졌다. 하지만 1998년, 비탈길을 달려 내려와 뒤로 공중돌기를 한 뒤 물속으로 뛰어드는 한 오토바이의 영상이 화제가 되면서 상황은 완전히 바뀌었다. 영상을 본 많은 사람들이 뒤로 공중제비를 시도했고, 2002년에 케이럽 와이엇이라는 사람이 최초로 오토바이를 타고 뒤로 공중제비를 돌아 땅에 착지하는 데 성공했다. 2006년에는 트래비스 패스트라나가 최초로 2회 공중제비에 성공했고, 2015년에는 조시 시핸이 3회전에 성공했다.[21]

이외에도 과거에 불가능하다고 여겨진 일이 가능하다는 것이 밝혀진 후, 여러 사람에 의해 단기간에 기록이 깨지게 된 사례는 매우 많다. 이는 '가능하다'라는 사회적 믿음이 형성되었기 때문이다. 마찬가지로 우리가 '할 수 없다'라고 스스로에 대해 믿어온 제한적 신념 역시 진실이 아닌 경우가 매우 많다. 설사 어린 시절에는 그것이 사실이었다고 하더라도, 인간은 성장 과정에서 많은 신체적, 정신적 변화를 겪게 되기에 현재는 상황이 다를 수 있다. 만약 계속해서 과거의 기억에 갇혀 자신이 할 수 없다고 믿는다면 본인의 잠재능력을 충분히 발휘하지 못하게 된다. 지금 당장 자신을 제한하는 신념을 점검하고 바꿔보도록 하자.

Q. 내가 가지고 있는 자신의 한계에 관한 믿음은?

05

가짜 약을 먹고 병이 완치된 이유

생각의 뿌리 : 암시

"생각이 말이 되고, 말이 행동이 되고, 행동이 습관이 되고, 습관이 성격이 되고, 성격이 운명이 되어 한 사람의 삶을 결정짓는다."

위 명언을 들어본 적 있는가? 이 명언은 생각이 우리의 삶에 얼마나 큰 영향을 미치는지 잘 드러내는 문장이다. 인간은 깨어 있는 매 순간 생각을 한다. 그렇다면 그 생각들은 도대체 어떻게 형성된 것일까? 한번 생각해 보자.

물론 자신이 스스로 떠올린 생각이라고 느껴질 수도 있다. 하지만 대부분의 경우 지금 하는 생각이 친구나 부모님, 혹은 TV

나 유튜브 등에서 전달되었을 가능성이 크다. 이처럼 외부로부터 특정한 말, 신념을 전달받는 과정을 심리학에서는 '암시'라고 부른다. 암시는 최면 과정에서도 많이 활용되는데, 피최면자(최면을 받는 사람)에게 언어를 통해 '암시'를 주면 평소에는 할 수 없었던 일들을 해내거나 평소와 다른 행동을 거리낌 없이 할 수 있게 된다. 가령 양파를 건네주면서 사과라고 암시하면 정말 사과를 먹듯이 맛있게 먹게 되고, 손가락을 갖다 대며 '불에 달궈진 쇠막대기'라는 암시를 주면 실제로 손이 닿았던 부분에 물집이 잡히기도 한다. 손가락이 닿는 순간 자신이 이전에 데었던 기억을 떠올리게 되어 세포들이 물집을 만들던 과정을 반복하게 되기 때문이다.[22]

그 밖에도 운동선수들이 '강해진다'라는 암시를 받게 되면 평소에는 낼 수 없었던 수준의 근력을 발휘할 수 있다. 또한 호텔 청소원들에게 '청소가 운동의 효과가 있다'라는 암시를 주면 암시를 받지 않았을 때보다 '체중, 혈압, 체지방, 허리-엉덩이 비율, 체질량 지수'가 모두 감소한다. 일이 건강에 좋다는 믿음이 실제 건강의 향상에 영향을 미치기 때문이다.[23]

그 외에도 암시의 힘이 활용된 대표적인 사례로는 '위약효과(플라시보 효과)'가 있다. '위약효과'란 병과 전혀 관계없는 거짓 약을 진짜 약이라고 속여 환자의 병을 고치는 사례를 의미한다. 구체적으로는 의사가 환자에게 가짜 약을 주며 '병에 특효가 있다'

라고 이야기하면, 암시를 받은 환자는 완치에 대한 강한 확신을 하게 되고, 결국 의식이 병원균의 활동을 막아 병이 완치되게 된다. 이는 믿기 어려운 사례이지만 실제로 위약효과는 수차례 보고된 바 있다.[24]

이처럼 외부로부터 받아들인 '암시'는 우리의 행동과 정신에 큰 영향을 준다. 특히 이성적 판단을 제대로 할 수 없는 어린 시절에 받은 암시일수록 우리의 무의식에 더 큰 영향을 준다.[25] 지금 여러분이 하는 생각들도 과거에 주변으로부터 받아들인 암시로 인해 형성된 결과물일 가능성이 크다. 그렇다면 어떻게 부정적인 암시로부터 벗어날 수 있을까? 그리고 암시의 힘을 나에게 유리하게 활용할 수 있을까?

답은 '자기암시'에 있다. '자기암시'는 내가 나에게 하는 암시를 의미한다. 다행히도 우리는 자기암시를 통해 타인이 전달한 암시를 차단하고 나에게 유리한 방향으로 생각을 다시 구축할 수 있다.

자기암시를 하는 방법

자기암시를 하는 방법에는 크게 2가지가 있다. 첫 번째는 언어를 활용하는 것이고, 두 번째는 이미지 트레이닝을 하는 것이다. 이때 자기암시는 잠이 들기 직전과 아침에 눈을 뜬 직후 하는 것이 좋은데, 이 시간에는 뇌에서 '알파파', '세타파'와 같은 저주파수의 뇌파가 나와 의식의 저항이 느슨해지고 무의식에 암시가 침투하기가 훨씬 수월해지기 때문이다.[26]

언어를 활용한 자기암시의 대표적인 사례로는 프랑스의 심리치료사 에밀 쿠에가 만든 다음 문구를 활용하는 방법이 있다.

**"나는 날마다,
모든 면에서 점점 더 좋아지고 있다"**
(Every day, in every way,
I'm getting better and better.)

◀ 에밀 쿠에

에밀 쿠에는 젊은 시절 우연히 위약효과를 경험한 후 암시의 힘을 깨닫게 되었고, 이후 환자들을 대상으로 많은 연구를 진행한 끝에 해당 문장을 만들어냈다고 한다. 현재 그가 만든 자기 암시 문장은 세계 곳곳에서 활용되고 있으며 해당 문장을 반복적으로 되풀이함으로써 말더듬증, 신경증, 종양, 혹은 의술로 낫지 않는 질병들까지 치료되는 사례가 여럿 보고되었다.[27]

이 외에도 오랜 시간 집중해서 공부하고 싶은 목표가 있는 학생이라면 '나는 집중해서 공부한다'라는 문장을 자기암시 해볼 수 있다. 혹은 '나는 침착하게 시험을 친다'와 같은 문장을 말할 수도 있다.

이때 주의해야 할 점은 반드시 '긍정문'으로 자기암시를 해야 한다는 것이다. 이는 무의식의 특성 때문이다. 만약 누군가가 "분홍색 코끼리를 떠올리지 마세요!"라고 이야기한다면, 이 말을 듣는 순간 머릿속에는 '분홍색 코끼리'가 떠오르게 된다. 마찬가지로 '나는 시험에서 실수하지 않을 거야'와 같이 부정문으로 자기암시를 하게 되면 무의식적으로 '실수'를 하는 자신의 모습을 상상하게 된다. 그러므로 자기암시는 반드시 '긍정문'으로 하도록 하자.[28] 또한 속으로만 하는 암시보다 입 밖으로 내뱉고 자신의 귀로 다시 한번 확인하는 암시는 그 강도와 확신에서 큰 차이가 있으므로 소리를 내서 말하는 것이 좋다.

이미지 트레이닝 방법

자기암시에 '이미지 트레이닝'을 활용할 수도 있는데 이미지 트레이닝은 흔히 운동선수들이 활용하는 훈련 방법으로도 잘 알려져 있다. 세계적인 수영선수인 마이클 펠프스 역시 이미지 트레이닝을 적극적으로 활용한다고 한다. 구체적으로 그는 매일 밤 잠자리에 들기 전 그리고 매일 아침 일어나자마자 자신이 가장 완벽하게 수영하는 장면을 상상한다고 한다. 내용은 다음과 같다.

'가볍게 준비 운동을 하고 수영장에 뛰어든다. 팔과 다리를 힘차게 움직인다. 팔다리의 동작이 물살을 만든다. 수영장 끝 벽에 손을 대고 턴해서 되돌아온다….'

그는 침대에 누워서 눈을 감고 경기 장면을 처음부터 끝까지 상상하고 또 상상한다. 그 결과 올림픽 대회에서 금메달 여덟 개를 따고 총 7건의 세계 신기록을 세우기도 하였다. 하지만 이는 그의 무의식에 각인된 상상이 실현된 것일 뿐이었다.[29]

이 외에도 상상을 활용한 '이미지 트레이닝'의 효과는 여러 실험을 통해 검증된 바 있다. 하버드 MBA에서 진행한 농구 이미지 트레이닝 실험에서 연구진은 농구 실력이 비슷한 학생들을 세 그룹으로 나누었다. 그리고 첫 번째 그룹은 한 달 동안 아무런 연습을 하지 않게 했고, 두 번째 그룹은 매일 한 시간씩 자유투 연습을 하게 했다. 세 번째 그룹은 매일 이미지 트레이닝을 통해 한 시간씩 자유투 연습을 하게 했다.

한 달 후 진행된 자유투 테스트에서 결과는 어땠을까? 첫 번째 그룹의 성공률은 39%에서 37%로 떨어졌다. 한 달간 아무런 연습도 하지 않았기 때문이다. 한 달 동안 실제 연습을 진행한 두 번째 그룹은 성공률은 39%에서 41%로 2% 높아졌다. 하지만 가장 놀라운 결과는 이미지 트레이닝을 진행한 세 번째 그룹에서 도출되었다. 해당 그룹의 자유투 성공률은 39%에서 42.5%로 3.5% 증가했다. 이는 실제 자유투 연습을 진행한 두 번째 그룹보다 더 높은 수치였다.[30]

이처럼 상상을 통한 이미지 트레이닝은 실제 일어난 일들 못지않게 우리에게 큰 영향을 미친다. 그러므로 여러분도 매일 아침 눈을 뜨자마자 그리고 매일 밤 잠자리에 들기 전에 내가 원하는 나의 모습을 생생하게 이미지화해 보길 바란다. 이러한 자기암시 과정을 통해 나의 잠재역량을 발휘할 수 있다.

06

자신과 나누는 대화를 조심하라

내적 대화에 유의하라

자기암시와 유사한 효과가 있는 행위 중 하나가 바로 '내적 대화'이다. 내적 대화란 '자신과 나누는 대화'이다. 우리는 인지하든 인지하지 않든 온종일 자신과 대화를 나누고 있다. '배고프다', '오늘 숙제가 뭐였지?'와 같은 말들도 내적 대화의 일종이다.[31]

하지만 안타깝게도 자신과 부정적인 대화를 나누는 경우가 많다. 대표적인 예시가 '난 집중력이 약해', '난 머리가 안 좋아'와 같은 것이다. 긍정적인 면이 아닌 부정적인 면에 초점을 맞춰 자기 대화를 하는 것이다.

만약 여러분을 종일 따라다니는 친구가 "넌 멍청해", "이번에도 실패할 거야", "왜 그것밖에 못 하니?"와 같은 말을 계속 내뱉는다면 기분이 어떨 것 같은가? 아마 극도로 스트레스를 받게 될 것이다. 마찬가지로 자신에게 부정적인 말들을 지속적으로 한다면 정신적으로 안 좋은 영향을 받을 수밖에 없다. 반면 학습 과정에서 '긍정적 내적 대화'를 적절히 활용한다면 자신감을 높이고 노력에 따른 성과를 극대화할 수 있다. 따라서 우리는 늘 내적 대화를 점검하고 발전적이고 긍정적인 방향으로 바꿔나가기 위해 노력해야 한다.

또한, 평소 어떤 '내적 대화'를 나누냐에 따라 일상에서 주의를 기울이게 되는 내용도 크게 달라진다. 일반적으로 우리의 감각은 주변 세계로부터 1초에 최대 1,100만 비트의 정보를 모으는 것으로 알려져 있다. 하지만 뇌가 사실상 이 많은 양의 정보를 매번 해독하는 것은 불가능에 가깝다. 따라서 우리의 뇌는 정보 대부분을 차단하고 초당 오직 50 비트의 정보만 선택적으로 처리한다.[32] 다시 말해 우리는 세상을 편향되게 인식하고 있는 것이다. 이처럼 특정한 기준에 의해 세상을 편향되게 인지하는 현상을 '인지 편향'이라고 부른다. 그리고 평소 내가 어떤 내적 대화를 통해 세상의 어떤 부분에 초점을 맞추냐에 따라 편향의 기준이 달라질 수 있다.

'인지 편향'에 관한 대표적인 실험으로는 '고릴라 실험'이 있다. 혹시 이 실험을 처음 들은 학생이 있다면 유튜브에 '고릴라 실험(영문: selective attention test)'을 검색한 후 영상을 시청해 보길 바란다. 여러분에게 주어진 미션은 '참여자들이 공을 총 몇 번 패스 하는지' 정확하게 숫자를 세는 것이다.

영상을 시청해 보았는가? 눈치챈 사람도 있겠지만 사실 이 실험은 공을 패스한 횟수를 세기 위한 실험이 아니다. 영상을 다시 한번 돌려보면 참여자들이 공을 패스하는 도중에 '고릴라 탈'을 쓴 사람이 무대 중간을 가로질러 지나가는 것을 확인할 수 있다. 하지만 공의 패스 횟수를 세느라 지나가는 고릴라를 전혀 보지 못한 학생들도 많을 것이다. 이것이 바로 '인지 편향' 현상이다.

이처럼 우리에게 인식되는 정보는 우리가 주의를 기울이는 요소에 의해 결정되며, 절대로 객관적이지 않다. 마치 유튜브에서 평소 나의 관심사에 따라 알고리즘을 통해 영상을 선별해 보여주는 것처럼, 세상 역시 내가 관심을 표현한 것을 더 보여주고 관심을 두지 않은 것은 감춘다. 따라서 우리가 어떤 정보에 집중하는지가 삶의 많은 부분을 결정하게 된다.

따라서 항상 '내가 원하는 것', '나에게 필요한 것'에 집중하고 늘 긍정적이고 생산적인 내적 대화를 할 수 있도록 노력해야 한다. 아침에 일어나서 '오늘도 열심히 하루를 보내야겠다.'라고 생각하는 것도 긍정적 내적 대화의 일종이다. 부정적이거나 힘이 빠지는 생각들을 지속하면 그에 상응하는 증거들만 눈에 띈다. 가령 지금 당장 눈을 감고 '검은색을 찾아보자'라는 생각을 하며 눈을 번쩍 떠보라. 순간적으로 주위에 있는 모든 검은색 물체가 눈에 들어올 것이다. 이 물체들은 늘 같은 자리에 있었지만, 조금 전까지는 주의를 기울이지 않았기에 제대로 인식되지 않은 것뿐이다. 이와 같은 인지 편향 현상을 삶에 어떻게 적용할지는 여러분에게 달려있다. 현명한 선택을 할 수 있도록 하자.

2장

올바른 목표를 설정하자

01

목표의 중요성

바다를 16시간 헤엄친 여자

지금부터는 올바른 목표를 세우는 법에 관해 배워 보자.

목표의 중요성은 두말하면 입이 아플 정도로 이미 널리 알려져 있다. 목표는 우리 삶의 이정표 역할을 하며, 분명한 목표를 가지고 우선순위에 따라 행동하다 보면 자연스레 목표를 이룰 가능성이 커진다.

목표에 관한 유명한 연구로는 1953년 미국 예일대학에서 졸업생들을 대상으로 한 연구가 있다. 해당 연구에서는 졸업을 앞둔 학생들에게 '20년 후 달성하고 싶은 목표가 있는지' 여부를 물었다. 당시 3%의 학생만이 분명한 목표와 함께 구체적인 계획을 세우고 있다고 답했고, 87%의 학생은 목표 설정을 아예 하지 않고 있었다. 나머지 10%의 학생은 노력은 해보았으나 계획을 작성하지는 않았다고 답했다.

그렇게 20년이 지난 후 당시의 졸업생들이 어떤 삶을 살고 있는지 재조사한 결과, 매우 충격적인 사실이 밝혀졌다. 20년 후 달성하고 싶은 목표를 명확히 설정했던 3%의 학생이 그렇지 않은 나머지 97%의 학생들의 재산을 다 합한 것보다 더 큰 부를 일군 것이다.[33] 목표 설정이 성취에 얼마나 큰 영향을 끼치는지 보여주는 사례라고 할 수 있다.

그 밖에도 명확한 목표의 중요성을 보여주는 사례로는 미국의 수영선수 플로렌스 채드윅의 사례를 들 수 있다. 채드윅은 영국과 프랑스 사이의 바다인 영국 해협을 왕복한 최초의 여성이다. 그녀는 이후 또 다른 도전을 선언했는데, 미국 카탈리나섬에서 캘리포니아 서부 해안까지 약 34km 거리의 해협을 수영으로 건너겠다는 내용이었다.

1952년 7월 3일, 그녀는 실제로 도전을 감행했고 추위와 배고픔을 견디며 열여섯 시간 동안 쉬지 않고 헤엄쳤다. 하지만 안개가 점점 짙어진 탓에 마지막 순간에 목표가 얼마나 남아있는지 전혀 보이지 않게 되었다. 결국 15시간 55분 동안 33km

넘게 수영을 한 그녀는 도전을 포기하게 되었다. 목표지점까지 불과 800m를 남겨둔 거리였다.

이후 채드윅은 인터뷰에서 아쉬워하며 다음과 같이 말했다. “만약 육지가 보였더라면 끝까지 헤엄쳐서 도전에 성공했을 겁니다. 해변이 보이지 않아서 온몸에 힘이 다 빠져버렸습니다.” 그녀는 추위나 피로 때문이 아니라 목표를 볼 수 없었기 때문에 목표달성에 실패한 것이다.

그러나 그녀는 포기하지 않고 두 달 뒤 또다시 같은 목표에 도전했다. 하지만 이번에는 준비기간 동안 목표지점이었던 해변을 직접 답사하고, 그곳의 풍경을 머릿속에 생생하게 담아왔다. 그 결과 두 번째 도전에서 그녀는 수영하는 내내 자신이 미리 봐두었던 목표 지점을 떠올릴 수 있었고, 계속 헤엄쳐 가면 반드시 그곳에 도착할 것이라는 확신을 하며 결국 완주에 성공했다.[34]

이처럼 명확하고 구체적이고 가시적인 목표 설정은 우리가 어떤 힘겨운 일도 이겨낼 수 있도록 하는 힘을 준다. 이것이 우리가 반드시 자신만의 목표를 설정하여야 하는 이유이다.

공부의 관점에서도 목표 점수는 곧 우리의 점수대를 결정한다. 100점을 목표로 공부하는 학생은 100점, 혹은 그 이하의 점수를 받지만 처음부터 70점을 목표로 공부한다면 기껏해야 70

점을 받거나 그 이하의 점수를 받게 된다. 무의식적으로 70점에 맞춰 적당히 공부하게 될 수밖에 없기 때문이다. 따라서 가능한 한 높은 목표를 설정하는 편이 더 확실하고 안정적인 점수를 받는 데 도움이 된다.[35]

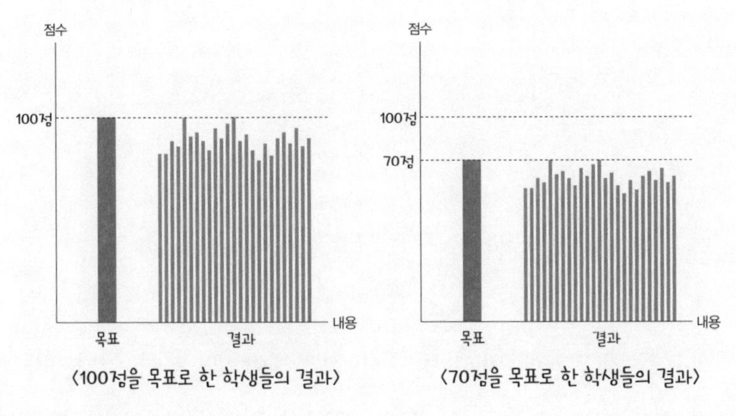

▲ 목표에 따른 성취 수준 비교

02

목표의 동기를 점검하자

나는 왜 공부하는가?

목표를 세우기에 앞서 반드시 점검해야 할 것이 있다. 바로 목표의 '동기'이다. 동기는 목표 못지않게 중요한 요소이다. 뿌리가 잘못되어 있으면 결과도 좋을 수가 없기 때문이다. 우리는 올바른 동기에서 비롯된 올바른 목표를 세울 수 있어야 한다.

동기는 크게 2가지 기준을 통해 구분해 볼 수 있다. 먼저 동기의 원천이 '내부'냐 '외부'냐에 따라 '내재적 동기'와 '외재적 동기'로 나눠볼 수 있다. 외재적 동기는 '외부에서 주어지는 보상이나 벌에 따라 자신의 행동을 선택하고 행하는 동기'인 반면, 내재적 동기는 '행동 그 자체에 대한 즐거움을 찾고 호기심, 흥미, 자기표현, 도전 욕구 등을 충족하기 위하여 행동하는 동기'를 의미한다.

두 번째로는 동기를 '접근 동기'와 '회피 동기'로 나눠볼 수 있다. 접근 동기는 '좋은 것을 추구하는 것에서 비롯된 동기'를 뜻한다. 즉, 내가 하고 싶고, 이루고 싶은 것을 위해서 생겨나는 동기이다. 가령 자신의 꿈을 이루기 위해 공부를 하는 행위가 접근 동기에 해당하는 예시이다. 반면 회피 동기는 '내가 싫어하는 것을 피하고 싶은 마음에서 생겨나는 동기'이다. '엄마한테 혼나기 싫으니 공부해야지'와 같이 생각하는 경우 등이 그 예가 된다.

외재적 동기는 학습자 내부의 동기를 감소시키고 학습자에게 낮은 자기인식을 형성시킬 수 있어 바람직한 동기라고 할 수 없다. 회피 동기 역시 일시적으로 효과를 발휘할 수는 있지만, 장기적인 관점에서는 스스로 학습에 재미를 느끼는 접근 동기에 비해 학습 효과가 떨어지는 것으로 알려져 있다. 게다가 회피 동기로 인한 행동은 시간이 갈수록 되려 '무기력감'과 같은 부정적 감정을 초래할 수 있다.[36] 이에 반해 접근 동기는 장기적 관점에서도 꾸준히 유지되며, 수험 생활과 같이 오랜 시간에 걸친 노력이 필요한 상황에서 큰 힘을 발휘할 수 있다. 따라서 우리는 '내재적 동기'와 '접근 동기'에 기반하여 목표를 설정할 수 있도록 해야 한다.

만약 여기서 한 발짝 더 나아가 목표를 향한 강력한 동기를 얻고자 한다면 목표에 '자기 초월 목표'를 포함시키는 것도 도움이 된다. '자기 초월 목표'란 자신의 영역을 넘어서는 원대한 목적이나 목표를 의미한다. 가령 '전문직에 종사하고 싶다, 돈을 많이 벌고 싶다.'와 같은 목표는 자신에게만 국한된 작은 목표인 반면, '어려움에 처한 이웃을 돕기 위해 전문직에 종사하고 싶다. 불공평한 사회 시스템을 바꾸기 위해서 많은 돈을 벌고 싶다.'와 같은 목표를 세운다면 이것은 자기 초월 목표이다.

개인의 차원에만 국한된 목표는 감정이나 상황에 따라 시시때때로 흐려질 가능성이 크다. 그러나 사회 문제처럼 중요한 것을 연관 짓는다면 의식이 자신보다 큰 목표를 향하기에 어떤 순간에도 강력한 동기를 부여받을 수 있다. 실제로 연구결과에 따르면 자기 초월 목표를 가진 학생들이 그렇지 않은 학생들보다 공부 시간이 2배 더 늘었다고 한다.[37] 그러니 목표를 세우는 과정에서 자신에게 다음과 같은 질문을 한 번쯤 던져보자.

'어떻게 하면 지금 하는 공부를 통해 더 좋은 세상을 만들 수 있을까?'

Q. 나의 평소 학습 동기는 어떠하였는가?
앞으로 어떻게 바꿔가면 좋을까?

03

목표 설정 방법 ① : 직업 목표 설정

지금부터는 목표를 세우는 구체적인 방법을 함께 살펴보자. 사실 목표의 종류는 다양하다. 장기적인 인생 목표가 있을 수 있고, 대학과 희망 전공에 관한 목표도 세워볼 수 있으며, 시험이 코앞이라면 높은 점수가 목표가 될 수 있다. 이처럼 내가 인생에서 이루길 원하는 어떤 것이든 목표가 될 수 있다. 이번 장에서는 장래희망에 해당하는 직업 목표에 관해 생각해 보자.

어떻게 직업 목표를 찾을까?

학교를 졸업하고 성인이 되면 우리는 직업을 통해 경제 활동과 사회생활을 하게 된다.

하지만 많은 학생이 장래희망 선정 과정에서 큰 어려움을 겪는다. 이때 직업명을 고민하기에 앞서 '이 세상에 어떤 가치를 주고 싶은지', '다른 사람에게 어떤 영향을 끼치고 싶은지' 생각해 본다면 막막함을 덜 수 있다.

직업을 통해 돈을 번다는 것은 결국 타인에게 '가치'를 제공한다는 말과 동의어이다. 따라서 직업의 명칭보다는 해당 직업이 본질적으로 어떤 일을 하는지가 더 중요하다. 또한 지금처럼 빠르게 변하는 세상에서 직업명은 시간이 지나며 얼마든지 바뀔 수 있다. 예를 들어 타인에게 웃음과 재미를 주고 싶은 사람이 과거에는 '개그맨'을 꿈꿨다면, 지금은 '유튜버'나 '웹툰 작가'와 같이 새로 생겨난 직업을 꿈꿀 수도 있다.

그러니 직업명을 고민하기에 앞서 자신이 하고 싶은 일, 사회에 주고 싶은 가치의 종류를 생각해 보자. 그리고 하고 싶은 일은 '동사'의 형태로 생각해 보자. 예를 들어 '기술을 통해 사람들의 삶을 편하게 해주고 싶다', '사람들에게 도움이 될 수 있는 정책을 만들고 싶다', '아픈 사람들이 건강할 수 있도록 돕고 싶다', '내가 디자인한 상품으로 많은 사람을 기쁘게 해주고 싶다'와 같은 것이 동사로 표현한 장래희망이다. 아래 표에 여러분이 하고 싶은 일을 예시와 같은 형태로 적어보자.

예시) 아픈 사람들이 건강할 수 있도록 돕고 싶다.

이제 해당 내용을 기반으로 '형용사 + 명사'의 형태로 직업 목표를 정의하면 된다. 예를 들어 '아픈 사람들이 건강할 수 있도록 돕는다'가 동사로 정의한 꿈이라면, 명사는 '의사'나 '간호사'가 될 수 있을 것이다. 형용사는 자신의 가치관에 따라 '아픈 이들에게 공감할 수 있는', '최고의 의료서비스를 제공하는', '홀로 사는 노인분들을 돕는'과 같은 형태가 될 수 있다.[38] 아래 표에 직업 목표를 명사 + 형용사 형태로 적어보자.

예시) 아픈 이들에게 공감할 수 있는 + 간호사

+

만약 위 과정이 어렵게 느껴지는 학생이 있다면 평소 자신을 관찰해보는 습관을 들이기를 권한다. 진로 탐색은 자신을 제대로 아는 것에서부터 시작한다. 또한, 자기 탐색은 어렵거나 거창한 일도 아니다. 일상에서도, 학교에서도 충분히 할 수 있다. 평소 다음과 같은 물음에 스스로 답해보자.

- 나는 어떤 사람이 되고 싶은가?
- 나는 어떤 삶을 살고 싶은가?
- 나는 학교생활에서 어떤 부분에 즐거움을 느끼는가?
- 나는 어떤 과목을 좋아하는가?
- 나는 어떤 성향의 친구들과 어울리는가?
- 나는 휴식 시간이나 주말에 주로 무엇을 하는가?
- 나는 주로 어떤 책을 읽고, 어떤 콘텐츠(유튜브, TV)를 소비하는가?
- 나는 무엇을 할 때 가장 행복한가?
- 나는 어떤 일을 할 때 강해지는 느낌이 드는가?
- 나는 무엇을 갖고 싶은가?

이런 물음들에 대한 대답은 여러분에 관한 커다란 힌트를 제공한다. 또한, 평소 친구들과 해당 주제에 관한 이야기를 나눠본다면 타인과의 비교를 통해 본인을 더 객관적으로 파악할 수 있다.

이와 더불어 평소 세상을 보는 시야를 넓힐 것을 추천한다. 청소년들이 꿈을 못 찾겠다고 생각하는 이유는 대부분 아는 것이 많이 없기 때문이다. 물론 학생의 신분으로 다양한 경험을 하기는 쉽지 않지만, 그래도 우리에겐 간접 경험이라는 좋은 방법이 있다. 특히 최근 들어 유튜브와 같은 온라인 플랫폼이 확산되며 생생한 정보를 얻을 수 있는 경로가 더 다양해지고 있다. 또한 인터넷으로 접근할 수 있는 대형 서점의 홈페이지에서는 조금만 검색을 해도 쉽게 원하는 분야의 책을 찾을 수 있다. 여러분이 의지만 있다면 자신에게 필요한 정보를 간단하게 찾아낼 수 있는 세상인 것이다. 그러니 평소 다양한 매체를 활용하여 세상을 바라보는 시야를 넓히길 바란다. 진로 탐색뿐 아니라 스무 살 이후 자신의 삶을 개척해 나가는 과정에서도 큰 도움이 될 것이다.

마지막으로 '표준화 검사'를 활용하는 방법도 추천한다. 표준화 검사는 표준화된 제작절차, 검사내용, 검사의 실시조건, 채점과정 및 해석을 통하여 객관적으로 행동을 측정하는 검사방법으로서 표준화 검사를 통해서 나의 특성을 보다 객관적으로 파악하고 여러 직업군을 추천받을 수 있다. 최근에 유행했던 'MBTI'도 표준화 검사의 일종이며 '커리어넷(www.career.go.kr)', '워크넷(www.work.go.kr)'과 같은 사이트에서 다양한 직업적성검사를 무료로 실시해 볼 수 있다. 물론 세상이 급변하고 있는 만큼 추천 직업을 맹신하기보다는 자신의 역량을 객관적으로 파악하는 여러 자료 중 하나로 활용하는 것이 좋다.

직업 목표를 정함에 있어서 여러분이 한 가지 명심해야 할 점은, 당장 '정답'을 찾아야 할 필요가 없다는 것이다. 만약 중간에 꿈이 바뀌게 되더라도 새로운 목표를 향해 또다시 나아가면 된다. 한 번에 모든 것을 완벽하게 정하려 하지 말자. 그리고 목표치를 어느 정도 높게 잡아야 이를 달성하기 위해 노력하는 과정에서 나의 잠재력을 최대한 끌어낼 수 있으므로 너무 현재의 시점에만 몰입해서 작은 목표를 설정하지 않길 바란다.

04

목표 설정 방법 ② : 대학 & 학과 목표 설정

대학 & 학과 목표 설정은 최대한 빠르게!

앞서 정한 직업적 목표를 이루기 위해 대학 진학이 필요한 학생이라면 대학과 학과 목표 역시 미리 정해두는 것이 좋다. 특히 과거와 달리 학교와 전공에 따라 대입 전형이 매우 다양해지고, 이로 인해 개인별로 중점적으로 준비해야 할 부분이 다르기에 미리 계획을 수립하고 준비를 해야 뒤늦게 후회하는 사태를 막을 수 있다.

예를 들어 내가 준비하는 전형이 교내 활동을 폭넓게 해야 하는 전형일 수도 있고, 내신 성적이 중요한 전형일 수도 있다. 또한, 내가 어느 계열의 전공을 지망하는지에 따라 과목선택 등 많은 부분이 달라질 수밖에 없다.

물론 단번에 모든 목표를 정하기는 쉽지 않을 것이다. 목표 대학을 정하고 자신에게 적합한 전형을 찾기까지는 일정 기간 학교생활을 해보면서 자신에 대해 파악하는 시간이 필요하다. 하지만 시간이 무한정 주어지지 않는 입시의 과정에서 선택과 집중을 통해 효율적인 준비를 하기 위해서는 지속적으로 목표 대학 및 희망 학과와 이에 따른 입학 전형을 업데이트해 나가야 한다.

학과는 희망 직업에 따라 가장 근접한 학과를 선택하면 되지만, 혹시 학과 목표를 정하는 데 어려움을 겪는 학생이 있다면 대학별 '학과 리스트'를 전반적으로 살펴보는 것을 추천한다. 처음부터 세부적인 학과를 탐색하는 것이 버겁게 느껴진다면 단과대(사회대, 인문대, 자연대, 공대 등) 단위로 전공을 고려해보는 것도 좋다.

대학과 학과 목표를 생각해 보았다면 관련 자료를 찾는 과정은 어렵지 않다. 대학별 전형 및 학과 정보는 인터넷을 통해 손쉽게 확인할 수 있으며 거의 모든 대학의 정보 검색방법이 유사하다. 방법은 다음과 같다.

1) 검색 포털 사이트에 대학교 이름을 검색하고 홈페이지에 접속한다.
2) 전형 안내가 나와 있는 서류를 확인한다. 보통 PDF의 형태로 제공한다.
3) 목차를 통해 자신이 희망하는 전형이 설명된 페이지를 확인하고, 해당 페이지를 살펴보며 필요한 정보를 정리한다. 다양한 전형이 있는 수시의 경우 어떤 전형이 자신에게 적합한지 잘 모르겠다면, 각 전형별 '지원자격'과 '전형방법'을 검토해보며 자신에게 유리한 전형을 탐색한다.

그 밖에도 학과별 정보를 얻기 위해서는 해당 학과의 홈페이지에 방문해 볼 수 있다. 검색 포털에 '○○대 ○○○학과'라고 검색하면 학과 홈페이지가 나온다. 홈페이지에는 해당 학과의 소개는 물론 커리큘럼 및 교수님들에 대한 소개도 잘 정리되어 있다. 이런 정보들을 통해 학과 특성과 대학 입학 후 배울 교과 내용에 대해 상세하게 알 수 있으며 이를 통해 뚜렷한 목표를 설정하고 동기부여를 받을 수 있다. 또한, 자기소개서 작성 시에도 해당 내용을 참고할 수 있다.

꼭 명문대를 목표로 삼아야 할까?

학과 설정과 별개로 목표 대학 설정 과정에서 고민하는 학생들도 있을 것이다. 타고난 성향이 성취 지향적이거나 '의사', '교사' 등의 꿈을 이루기 위해 반드시 상위권 대학을 진학해야 하는 학생들도 있겠지만, 굳이 더 높은 점수를 받아 좋은 대학에 진학해야 하는지 의문을 가지는 학생이 있을 수 있다. 특히 요즘과 같이 성공의 척도가 다양해지는 상황에서는 한 번쯤 이런 생각을 하는 것도 당연하다.

당연히 '공부', '명문대'만이 정답은 아니다. 사회에는 다양한 직업군이 존재하며, 자신의 희망 진로가 확고하고 해당 직업이 학력과 무관한 직업이라면 학창 시절에 공부 대신 다른 부분에 노력을 기울이는 것이 더 옳은 선택일 수도 있다.

하지만 대부분의 학생들은 대학 진학을 염두에 두고 있을 것이고 여러 대학교에 공통으로 개설된 전공에 지원할 것이다. 이 경우 사회에 진출하는 과정에서 대학 진학 후 기울인 노력 못지않게 본인이 어떤 대학교 출신인지가 중요한 판단 기준으로 여겨질 수 있다. 명문 대학교 출신일수록 학창 시절에 더 성실하고 자신에게 주어진 과제를 책임감 있게 해냈을 가능성이 크다고 일반적으로 여겨지기 때문이다. 그리고 입결이 높은 대학일수록 확률적으로 함께 입학한 동기들이 목표를 향한 진지한 태도와 우수한 역량을 갖추고 있어 입학 이후에 자신을 성장시키기에 유리한 환경이 조성되는 것도 사실이다. 따라서 대학에 진학하기로 결심한 학생이라면 수험 과정에서 가능한 한 명문 대학교를 목표로 삼고 공부할 것을 추천한다.

3장

입시 성공 마인드셋 장착

01

방탄소년단의 성공비결 : 복리효과

공부도 방탄소년단처럼!

방탄소년단

최근에 학생들과 수업을 하다 보면 많은 학생들이 방탄소년단의 팬임을 자처한다. 어떤 학생은 수업 시간에 'army(군대)'라는 단어를 배우자 "선생님 저 아미(방탄소년단 팬클럽 이름)예요!"라고 답하기도 하였다. 이처럼 전 세계적으로 큰 인기를 얻고 있는 방탄소년단은 한국 가수 최초로 빌보드 싱글차트 1위라는 역사적인 기록을 세우기도 했다. 2013년 데뷔 이후 단

7년 만에 세계 1위의 가수가 된 것이다. 그렇다면 그들이 이렇게 빠르게 성장할 수 있었던 이유가 무엇일까? 여러 원인이 있겠지만 SNS를 통해 매일 꾸준히 영향력을 키워나간 것이 전 세계적 팬덤을 형성하는 데 큰 역할을 했다고 평가된다.

방탄소년단은 데뷔 당시 중소기획사 소속으로 TV에 자주 출연할 수 없었음은 물론이고 대대적인 마케팅을 하기도 어려웠다. 이런 이유로 그들은 SNS에 사진, 영상, 짧은 글을 올리며 팬들과 직접 소통하는 방식을 택했다. 물론 초창기에는 매일 SNS에 새로운 영상을 올리는 노력에 비해 팬의 증가 속도가 빠르지 않다고 느꼈을 수 있다. 하지만 멤버들이 활동 기간과 비활동 기간을 구분하지 않고 다양한 콘텐츠를 통해 팬들과 꾸준히 소통한 결과, 이제는 그들의 팬층이 하나의 거대 글로벌 커뮤니티가 되었다.[39] 매일 SNS에 콘텐츠를 올리는 습관이 누적되어 성과가 복리로 돌아온 것이다.

경제에서도 많이 언급되는 '복리'라는 개념은 중복된다는 뜻의 한자어 복(復)과 이자를 의미하는 리(利)가 합쳐진 단어로, 이자에 이자가 붙어 시간이 지날수록 액수가 기하급수적으로 증가하는 현상을 일컫는다. 『아주 작은 습관의 힘』의 저자 제임스 클리어는 성장에 있어서 '복리효과'를 주장하였는데, 사람이 매일 1퍼센트씩 성장한다면 복리효과에 의해 1년 후에는 37.7배 성장할 수 있다는 내용이다. 이는 미미해 보이는 노력일지라도 매

일 누적이 되면 그 결과는 눈덩이처럼 커질 수 있다는 점을 시사한다.[40]

복리효과는 공부에도 예외 없이 적용된다. 공부를 이제 막 열심히 하려고 결심한 학생의 경우 초창기에는 아무리 열심히 해도 원하는 만큼의 결과가 나오지 않을 수 있다. 공부를 향한 노력이 복리효과가 되어 돌아오려면 시간이 걸리기 때문이다. 자신에게 가장 적합한 공부법과 시험 대비 전략이 수립되기까지 일정 기간의 시간이 반드시 요구된다. 이는 마치 대나무의 성장 과정과도 같다고 할 수 있다.

대나무는 처음 5년간 위로 성장을 하는 대신 땅속에 넓게 뿌리를 내린다. 하지만 일단 한번 뿌리를 내리고 나면 한두 달 안에 지상 30m 높이까지 빠르게 자라난다. 공부도 마찬가지이다. 성적은 일차함수처럼 노력에 정비례해서 향상되는 것이 아니라 일정 수준의 임계점이 지나야 폭발적인 성장이 이뤄지는 양상을 띤다.

그러니 여러분도 학습 과정에서 '복리효과'를 늘 떠올리길 바란다. 매일매일 SNS에 콘텐츠를 업로드하고 수많은 연습 시간을 견뎌낸 방탄소년단이 전 세계적인 아티스트로 우뚝 섰듯이 매일 차곡차곡 저축해 나간 여러분의 노력도 어느 순간 큰 성적 향상이라는 결과로 돌아오게 될 것이다.

02

과정 지향적 마인드셋

결과만큼 과정도 중요하다!

다음으로 성공적인 입시 여정을 위해 필요한 마인드셋은 바로 '과정 지향적 마인드셋'이다. 수험 생활을 하다 보면 자연스레 학습의 결과에만 초점을 맞추게 되는 경우가 많다.

그러나 결과에 있어 확률 100%는 없다는 점을 항상 기억해야 한다. '반드시 ○○ 대학에 합격해야 한다'거나, '100점을 받아야 한다'는 식으로 결과에만 초점을 맞춰서는 수험 생활 중 성취감과 행복감을 느끼기가 쉽지 않다. 정신적인 스트레스를 최소화하며 수험 생활을 보내기 위해서는 '노력은 반드시 성공으로 직결돼야 한다'는 경직된 사고방식을 버리고, 노력과 성취에 관한 합리적 믿음을 가질 수 있도록 해야 한다.

가령 스스로가 컨트롤 할 수 없는 시험의 난이도나 대학 합격 여부에 집중하기보다는 '문제집 한 권을 끝까지 독파하겠다.', '하루 10페이지씩 참고서를 읽겠다.'와 같이 구체적이고 달성 가능성이 높은 목표를 설정하고 해당 목표에 집중하여 하나씩 이뤄가는 과정에서 '작은 성공'의 경험을 쌓는 것이 좋다.

숙달 목표와 성취가치

과정 지향적 마인드셋을 위해서는 '숙달 목표'를 설정하는 것이 중요하다. 숙달 목표란 자신의 능력을 입증하거나 다른 사람과 비교를 하는 것이 목적이 아니라 학습 과정 자체에서 오는 성장을 중시하는 목표를 뜻한다. 숙달 목표를 가진 학습자는 스스로 세운 목표에 따라 새로운 지식을 습득하고 향상하기 위해 노력하며 다른 사람의 인정에 초점을 두지 않는다. 그리고 숙달 목표는 학습자가 배움 자체에 즐거움을 느끼고 지속적으로 추구하도록 하므로 높은 학업 성취를 얻는 데 큰 도움을 줄 수 있다.[41]

숙달 목표 지향성을 증가시키기 위해서는 평소 학습 과정에서 느껴지는 좋은 기분을 만끽해 보는 태도를 갖추는 것이 좋다. 가령 새로운 개념을 배웠을 때는 세상을 보는 시야가 넓어졌다는 점에 기뻐하고 문제를 풀어 맞출 때 느껴지는 뿌듯함을 음미하는 것이 숙달 목표의 시작인 것이다. 처음에는 좀 어색할지라도 과정에서의 성취감과 뿌듯함을 충분히 음미하는 태도를 지닌다면 학습 과정을 즐거운 시간으로 기억할 수 있게 된다.

'숙달 목표'와 비슷한 개념으로는 '성취가치'가 있는데, '성취가치'란 학습자가 자신의 학습을 중요하게 여기고 미래에 도움이 될 것이라 지각하면서, 그 자체로 즐거움을 느끼는 동기적 상태를 일컫는다.

성취가치를 기르기 위해서는 '내가 공부를 하는 이유'에 관해 생각해 보고 현재 배우는 내용이 미래에 어떠한 역할을 할 것인지에 대해 생각을 정리해보는 것이 좋다. 이에 관해 친구들과 토론의 기회를 가지는 것도 좋은 방법이 될 수 있다.

이처럼 숙달 목표와 성취가치를 추구하는 과정에서 우리는 과정 지향적 마인드셋을 기를 수 있다. 무조건 결과만 중시하는 것이 아닌 학습 과정에서의 충만함도 소중히 여기는 태도는 학습을 긍정적인 경험으로 인식하고 꾸준히 지속해 나가는 데 큰 도움이 된다.

03

실패에 관한 마인드셋

실패는 성공의 반대말이 아니다

실패에 관한 올바른 마인드셋을 갖추는 것 역시 성공적인 학습을 위한 중요한 요인이다. 공부를 해 나가다 보면 때로는 시험에서 원하는 만큼의 결과를 얻지 못해 실망하는 경우가 생긴다. 하지만 인간이 성장 과정에서 '실패'를 겪는 것은 너무도 당연한 일이다. 중요한 것은 '실패' 그 자체가 아니라 이 실패를 해석하고 받아들이는 방향이다.

여러분은 '실패'와 '성공'의 상관관계를 어떻게 정의하는가? 대부분 다음과 같은 형태를 떠올릴 것이다.

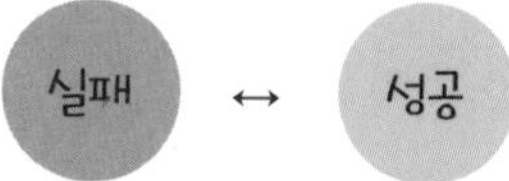

하지만 실제 큰 업적과 성취를 이룬 인물, 또는 기업을 관찰해보면 모두 다음과 같은 공식을 따르고 있다.

큰 성공을 한 번에 거두는 사람은 없다. 실패는 목표까지 가는 과정에서 겪는 하나의 경험일 뿐이다. 우리가 다 아는 유명인들도 마찬가지이다. 아이폰으로 세계인의 생활 방식을 완전히 바꾸어버린 스티브 잡스도 한때는 자신이 만든 회사인 애플에서 쫓겨난 적이 있다. 농구 역사상 최고의 선수로 불리는 마이클 조던도 "나는 9000번 이상의 슛을 실패했으며, 300번의 경기에 패했다. 경기에 결정적인 영향을 주는 마지막 슛을 실패한 것도 26번이다. 하지만 그때마다 되돌아와서 100번 넘게 슛 연습을 했다"고 말했다.

세계적인 대기업들도 예외는 아니다. 혹시 '구글플러스(Google+)'를 들어본 적 있는가? 이는 2011년에 구글이 만들었던 SNS이다. 당시에는 페이스북을 무너뜨리고 새로운 SNS 강자가 되겠다는 포부로 이 서비스를 출시하였으나 페이스북의 기술력에 밀려 결국 구글플러스는 자취를 감추게 되었다. 아마존(Amazon)도 마찬가지다. 아마존은 2014년 전자책 단말기인 킨들에 대항해 야심차게 파이어폰을 출시했지만 출시하자마자 심각한 판매 부진에 시달렸고, 결국 1년 만에 해당 제품의 생산을 중단하게 되었다.

스티브 잡스와 마이클 조던 그리고 구글과 아마존의 공통점은 실패를 결과로 보지 않았다는 것에 있다. 그들은 실패를 겪은 것이 아니라 어떻게 하면 성공할 수 있는지 분석하는 실험을 한 것이다. 이처럼 횟수와 강도의 차이는 있을 수 있어도 모든 성취는 많은 실패의 과정을 통해 이뤄진다. 실패는 성공의 반대가 아니라 성공의 길목에 놓여있는 것이다. 따라서 실패에 관해 대처하는 우리의 마음가짐이 상당히 중요하다.

▲ 스티브 잡스

▲ 마이클 조던

04

경쟁과 시험에 관한 마인드셋

경쟁은 나쁜 것일까?

다음으로 경쟁과 시험에 관한 마인드셋을 점검해보도록 하자. '상대 평가'로 대변되는 교육과정 내의 경쟁 체제는 학생들에게 큰 스트레스 요인으로 작용하기 쉽다. 그러나 앞으로는 '경쟁'을 아주 자연스럽고 당연한 요소로 받아들일 수 있기를 바란다. 경쟁은 모든 생명체가 필연적으로 경험하는 자연의 섭리이기도 하며, 공정한 평가를 위해 필수적인 요소라고 할 수 있다. 만약 아무 객관적 기준 없이 타고난 조건이나 환경으로 학생을 평가한다면 이것이 훨씬 더 불공정할 것이다.

경쟁의 진정한 의미를 알아보기 위해서 해당 단어의 어원을 살펴보도록 하자. 경쟁을 뜻하는 영어 단어인 'competition'은 '함께'라는 뜻의 접두사 'com'과 '(나가서) 찾는다'라는 뜻의 어근 'pet(e)'로 이뤄져 있다. 다시 말해 경쟁(competition)은 '함께 나가서 찾는다'라는 의미다. 그렇다면 우리는 경쟁을 통해 무엇을 찾을 수 있을까? 서로의 최상의 모습을 찾아낼 수 있다.[42]

서울대 교육학과 신종호 교수가 서울대 재학생 120명을 대상으로 '공부를 잘하게 된 원인'에 대해 조사를 실시한 결과, 가장 많았던 대답이 '부모의 신뢰(58퍼센트)'였고, 다음으로 많았던 대답이 '강한 경쟁의식(33퍼센트)'이었다. 선의의 경쟁을 통해 학습의 효과가 증대된 것이다.[43] 필자 역시 학창 시절 공부를 더 잘하거나 열심히 하는 친구들을 보며 많은 자극을 받고 강한 동기부여가 된 경험이 있다.

이처럼 경쟁 상황 속에서는 각자의 한계를 넘어서서 혼자 노력할 때보다 훨씬 더 큰 성장을 경험할 수 있다. 따라서 입시 과정에서는 '경쟁상황'이라는 주어진 환경을 잘 활용하여 자신을 크게 성장시키고 숨어있는 잠재력을 발견하는 계기로 삼는 것이 중요하다. 이전에 몰랐던 자신의 능력을 발견하면서 자신에게 깜짝 놀라게 될 수도 있다.

혹시 학업에 있어 '경쟁자'로 느껴지는 친구가 있는가? 그렇다면 스트레스를 받는 것에 초점을 맞추기보다는 선의의 경쟁을 통해 각자의 능력을 증폭시키고, 서로에게 배울 점을 찾는 기회로 삼길 바란다. 커다란 성장의 계기가 될 수 있다.

시험을 위한 마인드셋

다음으로 시험에 관한 마인드셋도 살펴보자. 가장 중요한 마인드는 '시험 점수가 곧 자신의 가치를 의미하는 게 아니라'는 점이다. 시험은 그간 공부한 내용을 얼마나 잘 습득했는지 평가하는 수단에 불과하며, 설사 시험에서 60점을 받았다고 하더라도 내가 60점짜리 인간이 되는 것은 아니다. 시험은 내가 무엇을 알고 무엇을 모르는지 찾아내서 더 발전할 수 있도록 해주는 기회라고 생각해야 한다. 시험 결과 때문에 자존감이 무너져서는 안 된다.

또한 시험을 칠 때는 '대박'을 바라는 마음을 버리는 것이 좋다. 실력보다 더 높은 점수를 얻고 싶은 마음이 강하게 들수록 편안한 마음으로 시험에 온전히 집중하는 것이 어려워진다. 특히 수능처럼 중요한 시험일수록 더욱 그렇다. 따라서 내 실력 이상의 점수를 받겠다는 욕심은 버리고, 그동안 공부한 실력 그대로의 점수를 가져온다고 생각하자. 풀 수 있는 문제에 집중하며 그동안 준비한 대로 차분히 문제를 풀어나갈 때 시험에서 최상의 성과를 거둘 수 있다.

마지막으로 '나는 시험보다 더 큰 존재'라는 인식을 하길 바란다. 이는 시험에 심리적으로 압도당하지 않기 위한 마인드셋이다. 어차피 시험의 출제자들도 다 사람이고 한때는 여러분과 같은 학창 시절을 보냈던 분들이다. 그러니 필요 이상으로 시험을 크게 느끼거나 공포감에 주눅이 들 필요가 없다. 그저 편안한 마음으로 집중해서 준비한 만큼의 성적을 받으면 되는 것이다.

지금까지 살펴본 시험과 경쟁에 관한 마인드셋을 명심하고, 당당하고 자신감 있는 태도로 학습의 여정을 헤쳐 나가길 바란다.

4장

계획 수립의 모든 것

01

학습계획과 스터디 플래너

스터디 플래너 활용은 필수다!

앞선 단원들에서 공부 마인드를 다졌다면, 지금부터는 본격적으로 공부의 방법론을 익혀 볼 것이다. 가장 먼저 '학습계획 수립법'을 알아볼 텐데, 본격적으로 계획을 세우기에 앞서 스터디 플래너를 하나 준비하길 바란다. 시중에 정말 많은 종류의 스터디 플래너가 판매되고 있는데 사실 그중 어느 것을 고르든 큰 차이는 없다. 플래너를 따로 사지 않고 빈 노트에 계획을 기록해도 좋다. 다만 다음 항목들은 빠트리지 않고 꼭 들어있어야 한다.

- 날짜
- 과목(파트), 교재, 학습분량
- 달성 여부 확인란

스터디 플래너 사용을 권장하는 이유는 다음과 같다.

첫째, 스터디 플래너를 사용함으로써 나의 공부 계획을 체계적으로 파악할 수 있다. 내가 지금 어떤 공부를 하고 있는지, 다음에는 무슨 공부를 해야 하는지, 이전에는 무슨 공부를 했는지 한눈에 살펴볼 수 있으며, 계획을 가시화시킴으로써 아무 생각 없이 손에 잡히는 대로 공부하는 사태를 방지할 수 있다.

둘째, 스터디 플래너를 통해 오늘 하루의 공부 성과를 명확하게 확인할 수 있다. 매일매일의 목표 달성 여부를 확인하고 다시 한번 의지를 다질 수 있으며, 시험에서 원하는 만큼 점수가 나오지 않았다면 스터디 플래너를 점검함으로써 내 공부 과정에 어떤 문제가 있었는지 객관적으로 분석하고 공부 방향을 재설정할 수 있다. 스터디 플래너는 자기 피드백을 돕는 강력한 도구이다.

셋째, 스터디 플래너에 교내대회, 동아리 활동, 수행평가 제출 등 중요한 일정을 표시해 둔다면 이를 까먹지 않고 챙길 수 있다. 특히 고등학생들은 공부 외에도 챙겨야 할 일정이 많기에 평소 자신이 해야 할 일들을 플래너에 꼼꼼히 기록하는 습관을 들이는 것이 좋다. 또한, 해당 과제들을 언제 어떤 식으로 준비할지 체계적인 계획도 함께 수립해볼 수 있다.

마지막으로 스터디 플래너에 성찰일지를 작성해볼 수 있다. 플래너에 하루를 돌아보는 성찰일지를 남긴다면 객관적으로 자신을 돌아보고, 분석할 수 있다. 내가 잘한 부분에 관한 칭찬, 부족한 부분에 관한 반성을 통해 다음 날을 더 알차게 보낼 수 있다.

하지만 스터디 플래너를 사용할 때 주의해야 할 점도 있다. 바로 '플래너 꾸미기'에 너무 많은 에너지와 시간을 쓰면 안 된다는 점이다. 요즘 인스타그램에 공부 관련 해시태그를 검색해보면 각양각색의 형광펜과 볼펜으로 꾸민 휘황찬란한 스터디 플래너들이 정말 많이 눈에 띈다. 심지어 어떤 플래너에는 '오늘의 노래 플레이리스트'까지 적혀있다.

물론 플래너를 꾸미는 것 자체는 문제가 되지 않는다. 하지만 플래너 꾸미기에 쏟은 정성만큼 실제 공부에도 집중할 수 있어야 한다. 스터디 플래너는 학습을 도와주는 도구일 뿐이지, 플래너 작성 자체가 목표가 아님을 명심해야 한다. 스터디 플래너는 하루의 끝과 시작 그리고 과목별 공부 시작과 끝에 계획을 체크하는 용도로 사용하면 충분하다. 작성에 너무 많은 시간을 쓰지 않도록 하자. 가장 중요한 건 공부를 진짜로 하는 것이다. 지금부터는 학습계획을 수립하는 6단계를 알아보자!

02

계획 수립법 ① : 평소 일과 & 공부 스타일 점검

평소 생활 패턴 점검하기

먼저 월요일부터 주말까지 내가 사용할 수 있는 시간을 쭉 적어보자. 수면 시간, 학교 시간, 학원 시간 등을 제외하고 사용 가능한 총 공부 시간을 체크해 보면 된다. 학교와 학원에 있는 시간을 제외하는 이유는 수업을 듣는 시간은 '순수 내 공부 시간'이 아니기 때문이다.

학습은 배우는 과정인 '학' 그리고 익히는 과정인 '습'으로 이뤄져 있는데 수업을 듣는 것에만 집중하다 보면 '습'의 과정을 놓쳐 버리기 쉽다. 하지만 스스로 익히는 시간이 없다면 제대로 학습이 이뤄졌다고 할 수 없다. 실제로 상위권 학생일수록 자신이 배운 내용을 제대로 이해하고 기억하는지 점검하고 내용을 자신의 것으로 만드는 데 오랜 시간을 투자한다. 수업은 내가 학습 내용을 쉽게 이해할 수 있도록 도와주는 도구일 뿐이지, 결국 지식은 스스로 습득해야 한다. 개인 공부시간을 하루 최소 3시간 정도는 확보할 수 있도록 하자.

이 단계에서 무엇보다 중요한 과제는 '학습에 활용할 수 있는 시간을 최대치로 뽑아내는 것'이다. 공부를 잘하기 위해서는 방법도 중요하지만, 무엇보다 충분한 공부 시간이 확보되어야 한다. 특히 학기 중에는 바쁜 스케줄로 인해 수업을 제외한 순수 내 공부 시간을 확보하기가 쉽지 않기에 최대한 자투리 시간까지 활용하는 것이 좋다. 자투리 시간을 활용하는 대표적인 방법

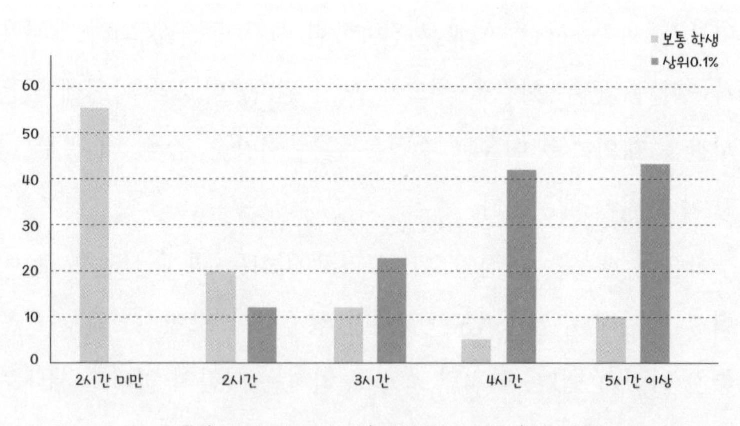

보통 학생과 상위 0.1% 학생의 하루 자가학습 시간

〈출처: 대한민국 0.1% 100인의 X파일〉

으로는 쉬는 시간과 점심시간 그리고 등하교 시간을 활용하는 방법이 있다. 이 시간 동안 영어 단어를 외우거나 간단한 수학 문제를 풀어본다면 하루 중 수면시간을 줄이지 않고도 상당량의 공부 시간을 확보할 수 있다. 괜히 명문대 합격 수기에서 '자투리 시간 활용'이 반복해서 등장하는 것이 아니다.

그 밖에도 평소의 생활 패턴을 파악해 불필요하게 낭비되는 시간을 줄일 수 있다. 습관적으로 TV를 보거나 스마트폰을 만지며 무의미하게 흘려보내는 시간을 줄이고, 깨어있는 시간을 최대한 알차게 활용하는 것이 매우 중요하다. 여기까지 잘 따라왔다면 아래 표를 통해 내가 공부할 수 있는 시간을 목록화하여 정리해보자.

요일	공부 가능한 시간
월	예시) 아침 기상 후 1시간, 점심시간 30분, 쉬는 시간 50분, 오후 7시 30분~11시 (비고 : 영어학원 5시~7시 10분)
화	
수	
목	
금	
토	
일	

나의 공부 스타일 점검하기

생활 패턴과 함께 나의 공부 스타일과 시간대에 따른 집중도도 함께 파악해보는 게 좋다. 공부 스타일은 다음과 같이 나눠볼 수 있다.

나는 ____________________ 공부할 때 잘된다.

- [같이 / 혼자]
- [글로 쓰며 / 말을 하며]
- [정확한 계획으로 / 융통성 있는 계획으로]
- [한 과목을 오래 / 여러 과목을 바꿔가며]
- [시끄러운 환경에서 / 조용한 환경에서]

이처럼 평소 자신을 관찰하며 가장 집중이 잘되는 환경과 상황을 분석해둔다면 효과적인 공부 계획을 짜는 데 큰 도움을 받을 수 있다. 예를 들어 혼자서 공부하기 좋아하는 학생이라면 학원에서 여럿이 수업을 듣는 것보다 집에서 인터넷 강의를 듣는 식으로 계획을 세울 수 있을 것이다. 또 한 번에 한 과목을 오래 공부하기 힘들어하는 학생이라면 1시간 단위로 과목을 변경하는 식으로 계획을 짜볼 수 있을 것이다.

그 밖에 자신의 생활 패턴을 기반으로 공부가 잘되는 시간을 파악해 둔다면 해당 시간대에는 싫어하거나 어려워하는 과목, 암기나 심화 학습 위주로 계획을 수립할 수 있다. 반대로 집중이

안 되는 시간대에는 이전에 학습한 내용을 복습하거나 좋아하는 과목을 공부할 수 있다. 이런 분석들을 통해 자신에게 적합한 효과적인 학습계획을 수립할 수 있는 기반을 닦을 수 있다.

03

계획 수립법 ②
: 학습 목표 설정 & 방법 수립

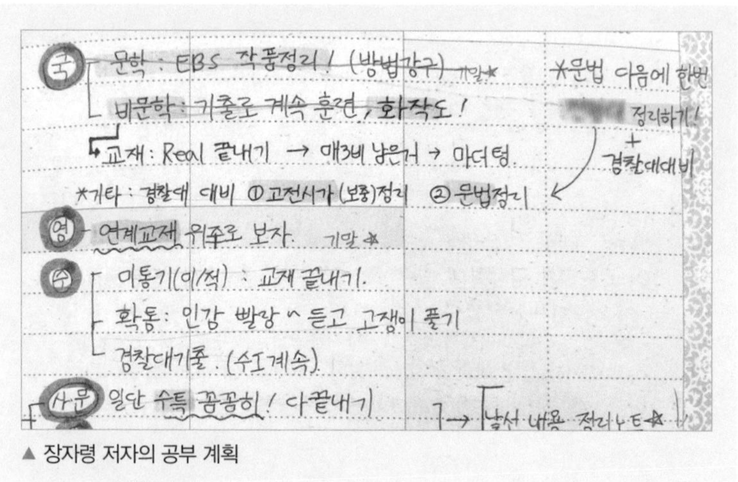

▲ 장자령 저자의 공부 계획

적절한 학습 목표 설정

두 번째 단계에서는 적절한 학습 목표를 설정하고 이를 달성하기 위한 공부 방법을 파악해야 한다. 학습 목표를 설정하기 위해서는 현재 나의 학업 성취 수준을 객관적으로 파악하는 것이 중요한데, 만약 지금 성적이 50점이라면 당장 100점을 받는 것은 불가능에 가까울 것이다. 처음에는 내 상태를 객관적으로 분석한 후 이를 기반으로 적절한 수준의 계획을 세워야 한다. 또한 고등학생이라면 '대학, 학과 목표'도 함께 고려하여 학습 목표를 설정할 수 있어야 한다.

	지난 시험 점수 / 상태	이번 시험 목표점수 / 상태
국어	예시) 76점 시 분야에서 문제가 나오면 많이 틀린다.	예시) 90점 이상 시의 특징을 나타내는 용어에 익숙해진다.
수학		
영어		
사회		
과학		

학습 방법 결정 시 주의할 점

다음으로 현재 상태에서 목표 상태로 나아가기 위해서는 자신에게 잘 맞는 학습 방법을 찾아야 한다. 많은 학생이 유명하다는 인터넷 강의나 교재만 무작정 따라 사는 경향이 있다. 물론 많은 사람이 택한 만큼 해당 강의나 교재가 좋을 확률이 높기는 하다. 하지만 개인마다 학습 수준이 다르고 과목별로도 보충해야 할 내용이 다르기에 자신의 상황에 맞춰서 능동적으로 선택할 수 있는 자세가 필요하다.

예를 들어 내가 지금 영어 과목 내에서도 문법이 부족하다면, 인터넷 강의 중 문법 파트만 들으면 된다. 즉 굳이 해당 강사의 전체 커리큘럼을 들을 필요는 없는 것이다. 그 시간에 자신이 부족한 다른 과목을 공부하는 것이 더 좋다. 시간은 한정되어 있고 해야만 하는 공부의 분량이 적지 않기에, 자신에게 필요한 내용만 취사선택해서 공부하는 지혜가 필요하다. 물론 자신이 부족한 부분을 정확히 파악하기 위해서는 평소 자신에 관한 철저한 분석이 선행되어 있어야 한다.

인터넷 강의를 선택하는 요령들은 다음과 같다. 먼저 강의 수강에 앞서 내가 얻고 싶은 내용을 확실히 정하자. 기출문제를 분석하고 싶은지, 학교에서 배운 내용의 심화 개념을 학습하고 싶은지, 교과목의 특정 파트를 보충하고 싶은지 목적을 확실히 정해야 한다. 그렇지 않으면 셀 수 없이 많은 인터넷 강의 콘텐츠의 바닷속에서 갈피를 못 잡고 헤매며 시간을 낭비하게 될 수도 있다.

목적을 확실히 정했다면 몇몇 수업들을 선별하여 맛보기 강좌를 들어보는 것이 좋다. 동일한 단원의 내용을 강의하는 선생님은 정말 많으므로 강의 후기와 맛보기 강좌, 선생님이 제공하는 각종 교육자료 등을 고려하여 자신에게 가장 적합한 강의를 선택하도록 하자. 또한, 해당 커리큘럼의 강의 수나 강의당 평균 재생 시간도 함께 고려하여 내가 이 내용을 소화할 수 있을지, 완강해 낼 수 있을지도 판단해보는 것이 좋다. 강의가 아무리 좋아도 내가 제대로 활용하지 못하면 아무 소용이 없다.

학원을 선택할 때는 '유명한 학원', '1등이 다니는 학원'을 고려하기 이전에 학원에서 가르치는 내용의 수준이나 진도가 나에게 적절한지 파악하는 것이 우선이다. 학원에서 설명하는 내용이 이해하기 힘들 정도의 수준이거나 복습할 시간이 부족할 정도로 진도가 빠르다면 아무리 유명한 학원이라도 나에게는 맞지 않은 학원이므로 다른 방법을 알아보는 것이 좋다. 차라리 과외를 받거나 인터넷 강의를 들으며 자신의 '수준'에 맞는 공부를 해야 한다.

문제집이나 교재를 고를 때는 미리 자신만의 판단 기준을 정한 후 살펴보기를 권한다. 시중에 워낙 많은 책이 있기 때문이다. 예를 들어 문제집 선정 기준은 다음과 같이 잡아볼 수 있다.

- 개념에 대한 설명이 꼼꼼하게 제시된 교재
- 다양한 유형의 문제가 수록된 교재
- 오답률이 높은 심화 문제가 체계적으로 정리된 교재

다른 학생들이 많이 푼다고 해서 내 수준에 맞지 않는 어려운 문제집을 골라서는 안 되며 최소한 50% 이상은 내 능력으로 풀 수 있는 문제집을 선택하는 것이 좋다. 어려운 문제집을 고르면 재미도 없을뿐더러 안 풀리는 문제가 너무 많아 시간이 지날수록 포기할 확률이 높아지기 때문이다. 이로 인해 오히려 쉬운 문제집을 택해서 풀었을 때보다 공부를 덜 하게 될 수도 있다.

만약 이전 학년의 학습결손이 누적돼 교과목의 기초가 부족한 상황이라면, 과감하게 저학년 교재로 공부하는 것을 추천한다. 특히 수학의 경우 학년별로 연계성이 높은 과목이기에 지난 교과과정에서 소홀히 하고 지나온 부분이 있다면 반드시 보충학습을 해줘야 한다. 무엇보다 교재 선정의 기준은 '남'이 아닌 '내'가 되어야 한다는 것이 중요하다.

04

계획 수립법 ③ : 장기계획 수립 방법

학습 목표 수립 및 공부 방법 선정까지 완료되었다면 이제 본격적으로 계획을 수립하여야 한다. 계획은 나를 목표 지점까지 이끌어 줄 수 있는 징검다리와 같은 구실을 하기에 절대 그 중요성을 간과해서는 안 된다. 평소에도 반드시 명확한 계획을 통해 공부를 진행할 수 있도록 하자.

계획은 크게 장기-중기-일일 계획으로 나눠볼 수 있다. 모든 계획은 전체적인 그림을 그려본 후 세부적인 단위로 쪼개서 들어오는 것이 기본이다. 따라서 우리도 장기적인 계획을 먼저 세워본 후 이를 바탕으로 월/주/일별로 자신의 할 일을 계획하면 된다.

여기서 장기계획은 최소 한 학기 단위 이상의 계획을 의미한다. 학기 단위, 학년 단위 계획, 혹은 고등학생이라면 수능 시험을 기준으로 '고등학교 3년 계획'과 같은 장기간 단위의 계획을 세워볼 수 있다. 이처럼 장기계획을 세우면 공부 과정을 폭넓게 고려할 수 있게 되고, 한 시험 끝나도 '이제 뭘 하지?'라며 방황하는 것이 아니라 지금부터는 무엇을 해야 하는지 분명하게 알 수 있다. 또한 장기계획은 과목 간의 전체적인 균형을 고려하여 작성하기 수월하기에, 미리 작성해둔다면 특정 과목을 공부하느라 다른 과목을 소홀히 하는 사태를 방지할 수 있다. 고등학생들을 위한 구체적인 장기계획 수립 지침은 다음과 같다.

[고등학생을 위한 장기계획 가이드라인]

〈원칙1〉 평소와 내신 시험기간을 구분하자!

고등학생은 장기계획을 짤 때 고려해야 할 점들이 꽤 많다. 먼저 학사 일정의 특징을 살펴보면 고등학생은 3년간 매 학기 내신 시험과 더불어 고등학교 3학년 11월에 치를 대학수학능력시험(수능)까지 함께 공부해 나가야 한다.

내신 시험을 앞둔 시험 기간의 경우, 시기마다 중학생 때와 마찬가지로 모든 것을 제쳐두고 최선을 다해 시험 준비를 해야 한다. 이 시기에는 시험 범위에 해당하는 내용을 총 복습하고, 문제풀이에 대한 감을 잡으면서 스피드를 올리고, 평소 공부해두었던 개념을 위주로 암기하는 데 집중하자.

하지만 중학생 때와 다른 점은, 고등학교는 평상시에도 시험 기간과 유사한 집중도로 공부해야 한다는 점이다. 대신 이 시기에는 단순 암기나 많은 문제풀이 대신 수능과 내신 시험의 기본 실력을 다지는 공부를 진행하면 된다. 고등학교는 중학교와 달리 절대적인 공부량도 많고 난이도 역시 상당한 편이기에, 평소에는 실컷 놀다가 시험 기간에 벼락치기를 한다면 좋은 성적을 받는 것이 거의 불가능하다. 특히 수학은 평소에 지속적인 문제풀이를 병행하는 것이 필수적이다. 수능도 고등학교 3년간 학습한 전 범위가 시험 범위이고 출제 유형도 내신 시험과는 많이 다르기 때문에 평소 꾸준히 공부하며 미리 대비할 수 있어야 한다.

정리하자면 고등학교에서는 '내신 시험 기간'과 '비시험기간' 모두 항상 공부한다고 생각하되, 평소에는 문제풀이나 암기보다 개념 이해와 실력 향상에 집중하여 시험의 기본기를 쌓아야 한다. 그리고 내신 시험 기간에는 평소 쌓아 둔 실력을 바탕으로 집중 암기 및 문제풀이에 박차를 가하여 단기간에 밀도 높은 공부를 진행해야 한다. 고등학교 3년간 매 시험 기간을 알차게 보낼 경우, 시험 기간 동안 자신의 실력이 크게 향상됨을 느낄 수 있을 것이다.

〈원칙2〉 고등학교 1~2학년의 공부 VS 3학년의 공부

장기계획을 수립할 때 고등학교 1~2학년 시기와 고등학교 3학년 시기를 구분하는 것도 매우 중요하다. 내신은 학년과 관계없이 동일한 패턴으로 공부를 진행해주면 되지만, 수능은 고등학교 교과과정에서 배운 전 범위가 시험 범위에 해당하고 단편적인 교과 지식이 아닌 다양한 개념을 응용, 심화시킨 문제가 다수 출제되기에 학년별로 체계적으로 준비해야 할 필요성이 있다.

일단 고1, 고2는 문제풀이보다 실력을 쌓는 학습을 진행하는 데 중점을 둬야 한다. 기초 개념을 다지고 실력을 기르는 방향으로 공부를 진행해야 하며, 이에 관한 자세한 과목별 공부법은 이 책의 6장을 참고하길 바란다.

문제풀이는 어차피 고3 때 정말 많이 하게 되어있다. 고3 때는 모의고사도 3, 4, 6, 7, 9, 10월 총 6회 걸쳐 시행되며, 봉투 모의고사 및 사설 모의고사 등 시간을 재며 문제를 풀 기회가 많이 생긴다. 수능과 동일한 스케줄로 시간을 재며 문제를 푸는 훈련은 이 시기에 집중적으로 진행하면 된다. 그러니 저학년 때는 문제풀이 속도나 스킬에 집착하는 대신 지문과 선지를 분석하고 기초 실력을 향상하는 데 집중하자.

〈원칙3〉 고2 겨울 방학까지 수능 때 선택할 과목들의 개념은 끝낸다!

수능에서 선택할 탐구 과목의 개념과 수능 범위에 속하는 수학 개념의 경우 고2 겨울방학까지는 모두 정리하는 것이 좋다. 학교에 따라 고3 1학기에 배울 내용을 고2까지 끝낼 수 있도록 빠르게 진도를 나가는 경우도 있지만, 만약 상황이 여의치 않은 경우 스스로 고2 겨울 방학까지 기본적인 개념은 정리해두는 것이 좋다. 그래야 고3 때 본격적으로 실전 문제풀이 훈련에 집중할 수 있기 때문이다. 뿐만 아니라 수시에서는 3학년 1학기 내신 성적이 큰 비중을 차지하는데, 미리 수능 때 선택할 과목들의 진도를 끝내 놓은 경우 고3 내신 대비도 여유 있게 진행할 수 있다. 물론 국어와 영어 과목의 경우 수능 범위라고 할 것이 딱히 없기에 양질의 지문을 가지고 꾸준히 훈련을 지속하면 된다.

<원칙4> 방학이 역전의 기회다!

고등학교는 방학 역시 전략적인 학습 기간으로 생각하는 것이 좋다. 방학 기간을 이용해 할 수 있는 학습에는 '지난 학기 내용 복습', '과목별 추가 학습', '다음 학기 선행학습'이 있다.

먼저 지난 학기에 배운 내용 중 특정 과목이나 단원의 내용을 제대로 소화하지 못하고 지나왔다면 해당 분량을 방학 기간을 이용해 보충하는 것이 좋다. 특히 수학은 학년별로 연계성이 높은 과목이기에 이전에 배운 내용을 제대로 소화하지 못했다면 다음번에 배울 내용을 제대로 이해할 수 없으므로 미리미리 놓친 부분은 보충할 수 있도록 하자.

두 번째로 과목별 추가 학습에 있어 국어는 수능 필수 고전 시가나 문법을 총정리해볼 수 있다. 고전 시가에는 현대어와 다른 표현들이 많아 자주 쓰이는 용어들에 미리 익숙해지지 않으면 지문 자체가 '외계어'처럼 낯설게 느껴지기 쉽다. 또한, 시대별로 자주 등장하는 상징적인 어휘 및 주로 사용되는 주제를 미리 익혀둔다면 고전 시가를 해석하기 훨씬 수월하다.

영어도 방학 기간을 이용하여 문법 총정리 및 구문 독해 연습을 진행할 수 있으며, 탐구 과목은 주요과목들에 비해 비교적 분량이 적은 편이기에 방학 시기를 통해 집중적으로 개념 정리를 해볼 수 있다. 방학에 탐구 과목을 확실히 정복한다면 학기 중에 편안한 마음으로 주요과목에 시간 투자를 할 수 있다.

수학의 경우 직전 학기뿐 아니라 이전 학년에 배운 개념, 중학교 때 배운 개념에 학습 결손이 있어 어려움을 호소하는 학생이 많은데 이런 친구들 역시 방학 기간을 적극적으로 활용해야 한다. 자신에게 필요한 학년의 교재를 구매한 후 빠른 속도로 부족한 부분을 메꿔 나가자. 저학년 내용을 복습하는 것은 절대 부끄러운 일이 아니다. 나에게 필요한 내용을 찾아 공부하는 능동적인 태도가 필요하다.

마지막으로 '다음 학기 선행'은 지난 학기 내용 복습 및 교과별 보충학습을 모두 끝마친 후 시간이 남을 때 진행하도록 하자. 무리해서 선행학습을 하기보다는 다음 학기 배울 내용을 전반적으로 훑어보며 새로운 개념에 익숙해지는 정도로도 충분하다. 어차피 방학 기간이 길지도 않을뿐더러 단기간에 많은 양을 보았다고 해도 시간이 흐르면 대부분 잊히기 마련이다. 결국, 학기 중에 어떻게 공부했느냐가 시험 점수를 좌우함을 명심하자.

〈원칙5〉 장기계획 수립 시에는 플래너에 여유 공간을 남겨야 한다!

한 학기, 혹은 그 이상의 장기계획을 수립할 때 주의해야 할 점은 기간 내에 미처 끝내지 못한 공부를 하기 위해 따로 일정 기간을 비워 둬야 한다는 것이다. 예를 들어 일주일에 하루, 그리고 매 내신 시험 기간 직후 일주일 정도는 따로 계획을 잡지 말고 비워두면 혹시 계획이 딜레이 되더라도 전체 계획을 수정하지 않고 목표를 달성할 수 있다.

〈원칙6〉 교과목별 공부 비율을 고려하자!

장기계획을 짤 때는 과목별 공부 비율을 적절히 분배할 수 있어야 한다. 주요과목, 취약과목일수록 많은 시간과 노력을 들여 학습하도록 하자. 객관적으로 공부 비율을 조절하기 위해서는 현재 과목별 성적 등급을 활용하는 것도 좋다. 만약 지난 학기에 국어 2등급, 수학 4등급, 영어 3등급, 탐구 2과목에서 1등급의 성적을 받았다면 과목별 공부 시간 배분을 국어 : 수학 : 영어 : 탐구 = 20 : 40 : 30 : 10 와 같은 식으로 설정할 수 있다.

다음으로 나의 주별 공부 시간을 고려하여 과목별 공부 시간을 산출하자. 만일 일주일에 30시간의 공부 시간을 확보할 수 있다면 앞서 산출한 비율에 맞춰 국어 6시간, 수학 12시간, 영어 9시간, 탐구 3시간씩 공부하면 된다. 만약 일주일 동안 공부한 결과 자신이 국어 8시간, 수학 10시간, 영어 5시간, 탐구 7시간을 공부하였다면 국어와 탐구는 공부 시간을 줄이고, 수학과 영어는 늘리는 방향으로 조정할 수 있다.

이처럼 과목별 비율을 설정해두면 내가 좋아하고 잘하는 과목만 오래, 많이 공부하려고 하는 무의식적 경향을 막을 수 있다. 장기계획을 세울 때 이처럼 과목별 밸런스를 적절히 고려할 수 있도록 노력하자.

위 6가지 원칙들을 기반으로 장기계획을 수립하면 되며, 계획에는 '교과목명, 교과목 파트(예: 국어 – 문법, 비문학, 화작 등), 교재 및 학습 방법, 학습 분량, 기간 내 최종 학습 목표' 등이 포함되면 된다.

05

계획 수립법 ④ : 중기 계획 수립 방법

중기 계획 수립 방법

다음으로 중기 계획은 1, 2개월 정도 기간의 학습계획을 의미한다. 일반적으로 내신 시험 기간과 비시험기간으로 나누어 계획을 짜볼 수 있다. 시험 기간이 아닌 경우 일주일 단위의 계획을 세워 매주 반복할 수 있는 루틴을 만드는 것이 좋다. 매주 비슷하게 반복되는 일과를 기준으로 공부가 가능한 시간대를 산출하고, 앞서 세운 장기계획을 바탕으로 어떤 과목의 어떤 파트를 공부할지 교재 및 분량과 함께 계획을 작성하면 된다. 시험 기간 계획의 경우 다음과 같이 작성해볼 수 있다.

[100점으로 이끄는 내신 시험 계획]

시험 계획을 짜기에 앞서 먼저 시험 범위와 일정을 제대로 파악하자. 시험 범위는 시험 직전까지 계속 변경되는 경우가 많으므로 수업 시간에 선생님께서 하시는 말씀을 꼭 놓치지 말고 들어야 한다.

다음으로 시험 기간에 공부할 교재와 자료를 정리하자. 수업 시간에 사용한 교과서와 문제집, 프린트물을 메인 교재로 삼되, 평소 자신이 따로 공부해온 자습서와 기본서, 문제집도 서브 교재로 활용하면 된다. 만약 학교 내신 기출문제 및 인근 학교들의 기출문제를 구할 수 있다면 시험 1~2주 전부터 함께 풀어보는 것이 좋다. 시험의 감각을 끌어올리고 동향을 파악하는 용도로 사용해볼 수 있다.

이번 시험 기간에 공부해야 하는 자료들을 과목별로 아래 표에 정리해보자.

과목	공부해야 하는 자료
국어	ex) 교과서, 필기노트, 국어출판사 문제집, 인강 문학작품 정리 노트
수학	
영어	
사회	
과학	
기가	
음악	
체육	

시험 대비 기간은 보통 2주~4주 정도로 잡으면 되는데 미리부터 여유 있게 시험을 준비하고 싶은 사람은 시험 4주 전부터 대비를 시작하면 되고, 평소에 착실히 배운 내용을 복습해두고 문제풀이까지 잘 진행해왔던 학생이라면 2주 전부터 공부를 시작해도 무리 없이 시험을 준비할 수 있다. 책에서는 필자가 주로 시험을 대비했던 기간인 3주를 기준으로 주차별 시험 대비 공부법을 정리해두었다.

① 시험 3주 전

시험 3주 전에는 국, 영, 수 같은 양이 많은 주요교과 위주로 1회 독을 시작한다. 배운 내용을 다시 한번 복습하며 제대로 이해를 하고, 전체 내용 중 6~70% 정도 암기한다고 생각하면 된다. 사회, 과학 교과 중에서도 양이 많거나 평소 어렵게 느끼는 과목이 있다면 이 시기에 공부를 시작하면 된다. 시험 기간에는 최대한 마음이 조급해지지 않도록 시간이 오래 소요될 만한 내용은 미리미리 공부를 시작하자.

이 시기에는 전체적인 흐름을 파악하며 굵직한 핵심 내용 위주로 암기를 하되, 나중에 다시 외워야 할 세세한 부분은 미리 체크를 해둬야 한다. 또한, 3주 차에 진도를 나가는 부분 역시 시험 범위에 해당하기에, 이 기간에 배운 내용은 바로바로 소화할 수 있도록 하고, 진도에 맞춰 문제집 역시 지속적으로 풀어 준다. 수학은 꾸준한 문제풀이를 진행하는 것이 중요한 과목이라 다른 교과목과 달리 시험 기간에도 최대한 문제풀이를 꾸준히 지속하는 것이 중요하다.

② 시험 2주 전

시험 2주 전에도 국어, 영어, 수학은 계속 꾸준히 공부하도록 한다. 특히 국어와 영어는 2회 독을 시작하면 된다. 이미 1회 독을 통해 전체적인 흐름을 파악하는 한편

절반가량은 암기가 되었을 것이므로 이제는 지금까지 배운 내용의 90% 정도를 암기하는 것을 목표로 공부를 한다. 그리고 이 시기부터는 본격적으로 사회, 과학 과목도 공부하기 시작한다. 평소 배운 내용을 꾸준히 복습하고, 내신 대비 문제집을 꾸준히 풀어왔다면 아예 처음 보는 수준의 낯선 내용은 없을 것이다. 대신 해당 과목들은 암기해야 할 내용이 정말 많기에 목차를 중심으로 철저히 암기하는 데 집중한다.

기가, 체육, 음악, 미술 등의 과목도 시험 범위에 속한다면 2주 차에는 지금까지 배운 내용을 대략 살펴보며 시험 범위를 확인하고, 혹시 필기를 빠트린 부분이 있다면 이 시기에 미리 보충해둘 수 있도록 하자. 시험 1주 전에 시험공부를 진행할 수 있도록 미리 준비를 해두어야 한다.

과목별 문제집도 슬슬 복습하기 시작하면 된다. 특히 수학의 경우 평소 많은 문제를 풀어왔을 것이므로 이 시기부터 집중적으로 오답 복습을 해주면 된다. 3주 차와 마찬가지로 2주 차 역시 수업 시간 진도가 곧 시험 범위에 속하기에, 수업 시간에 집중할 수 있도록 한다. 특히 이 시기에는 선생님들께서 수업 시간에 시험에 관한 힌트를 직간접적으로 주실 수 있으니 이를 놓치지 않도록 하자.

③ 시험 1주 전

이 시기에는 지금까지 배운 내용의 8~90%가 머릿속에 정리되어 있어야 한다. 3주 전, 2주 전에 배운 내용에 대해서도 개념 이해와 문제풀이가 각각 잘 진행되었어야 한다. 시험 1주 전에는 새로 공부해야 할 시험 범위가 얼마 되지 않으므로 수업 시간에 배운 내용을 빠르게 복습하며 최종 마무리를 할 수 있도록 하자.

만약 사회, 과학 과목 중 2~3주 차에 미처 암기하지 못한 부분이 있을 시 이 시기에 빠르게 보충해 나갈 수 있어야 한다. 기가, 미술, 체육과 같은 과목도 시험 전날에 한 번만 더 훑어보면 될 정도로 정리할 수 있도록 하자. 암기과목은 시험 전날의 복습이 매우 중요하기는 하지만 미리 8~90% 정도의 공부는 끝마쳐 놔야 시험 전날에 최종정리를 통해 최고의 점수를 얻을 수 있다. 또한 이 시기에는 지금까지 풀어온 교과별 문제집들의 틀린 문제를 복습해주면 되며, 학교 기출문제를 풀며 시험에 대한 감각을 올릴 수 있다.

④ 시험 직전 3~4일 & 시험 전날

시험 3~4일 전은 최종 마무리 단계이다. 이 시기의 공부를 어떻게 마무리하는지에 따라 지금까지 해온 공부가 만족스러운 성적으로 이어질지, 혹은 아쉬운 결과로 남을지가 결정된다. 이 시기에는 머리에 시험 범위의 8~90% 정도가 모두 들어있어야 하며, 우리의 성적을 결정할 나머지 1~20% 정도를 채운다는 기분으로 공부를 해나가면 된다. 시험 3~4일 전과 시험을 치는 기간에는 다음과 같은 스케줄로 공부하면 된다.

(3일 차 공부) (2일 차 공부) (1일 차 공부) | (시험 1일 차) **(2일 차 공부)** (시험 2일 차) **(3일 차 공부)** (시험 3일 차)

시험 전날에는 반드시 다음날 시험 칠 과목을 공부해야 한다. 전날에는 평소보다 수면 시간을 줄이는 한이 있더라도 최대한 전 범위를 꼼꼼하게 복습하고, 완벽하게 최종 마무리를 하면 된다. 특히 시험 직전까지 봐야 할 내용은 A4용지 한두 장 분량으로 따로 정리해두어, 시험 당일 아침과 직전 쉬는 시간에 볼 수 있도록 하자.

이 시기에 얼마나 집중해서 공부를 마무리하냐에 따라 지금까지 내가 쌓아온 노력의 결과가 100% 발휘될 수도 있고, 분명히 며칠 전 공부했던 내용인데 막상 시험지를 받으니 기억이 나지 않는 아쉬운 상황을 맞이할 수도 있다. 꼭 최선을 다해 공부를 마무리할 수 있도록 하자!

⑤ 시험 기간

시험에 최선을 다했다면 시험이 끝난 후 결과에 대해서는 마음을 비우는 것이 좋다. 만약 자신이 시험 결과에 예민한 편이라면 쉬는 시간에는 친구들과 답을 비교해 보는 대신 조용한 곳에서 마음을 가다듬으며 다음 시험을 준비하는 것을 권한다. 이 시간에 미리 준비해 둔 요약 노트를 보며 마지막으로 암기할 내용을 집중적으로 살펴볼 수 있다.

당일 시험이 다 끝나고 집에 왔을 때는 가볍게 낮잠을 자거나 휴식을 취하며 다음 날의 공부를 진행하기 위한 힘을 비축해두자. 그리고 전날과 동일하게 다음 날 시험을 칠 과목의 전 범위를 복습하며 시험 직전까지 볼 1~2장 분량의 요약 노트를 만들면 된다. 참고로 밤을 아예 새버리는 것은 기억력과 체력 측면에서 모두 좋지 않으므로 최소한 2~3시간은 자고 시험장에 들어갈 수 있도록 하자.

06

계획 수립법 ⑤ : 일일 계획 수립 방법

일일 계획 수립 방법

일일 계획은 중기 계획을 바탕으로 오늘 하루 동안 해야 할 과업들의 정확한 분량을 기록하면 된다. 이때 계획은 시간이 아닌 '분량'을 중심으로 세울 수 있어야 한다. 1시간을 앉아있는 것이 중요한 게 아니라, 그 시간에 수학 문제를 몇 문제 풀었는지가 더 중요하기 때문이다. 그 밖에 일일 계획을 세우는 원칙은 다음과 같다.

[일일 계획 수립 원칙]

① 약간 벅찬 듯하지만 7~80% 정도는 달성 가능성이 있는 목표를 설정한다

할 수 있는 최선에 가깝게 계획을 세워야 시간 내에 최고의 역량을 발휘할 수 있고 시간이 갈수록 능력이 발전할 수 있다. 하지만 동시에 목표량의 최소 7~80%는 달성할 수 있게 목표를 조절해야 승자효과를 활용할 수 있다. 만약 아직 자신의 공부량에 있어 전혀 감을 잡지 못하는 학생이 있다면 평소 타이머를 활용하여 공부 시간을 측정해보고, 학습 일지를 1주일 정도 써보도록 하자. 현실적인 능력치 파악을 통해 실현 가능성이 큰 계획을 세울 수 있을 것이다.

② 목표를 달성하기까지의 계획을 명확히 작성한다

우리의 뇌는 한 가지 업무를 끝내고 나서 다음에 무엇을 해야 할지 행동을 망설이는 순간 의욕이 꺾이고 실행력이 떨어지는 특성이 있다. 따라서 장기, 중기 계획을 바탕으로 명확한 일일 계획을 세우는 것이 좋다. 효과적인 계획 작성을 위해서는 'SMART 목표 설정' 기법을 따르도록 하자. 각각의 알파벳의 의미는 다음과 같다.

- 구체적(Specific)
- 측정 가능(Measurable)
- 달성 가능(Achievable)
- 장기 목표와의 연관성(Relevant)
- 시간제한이 있는(Timely)

무엇보다 일일 계획을 세울 때는 디테일한 페이지까지 함께 기록해야 함을 잊지 말자. 예를 들어 국어 과목을 공부한다면 단순히 '국어 공부하기'가 아니라 '국어 교과서 2단원 15~28페이지 읽기'와 같은 식으로 구체적으로 계획을 작성해야 달성 여부 측정이 가능해진다.

③ 시간대별로 과목이나 공부 유형의 틀을 정해보자

아침 자습시간에는 비문학 지문을 독해하고, 점심시간에는 영어 듣기를 공부하고, 저녁 자습시간에는 심화된 수학 문제를 푸는 등 자신의 선호와 과목의 특성에 맞춰 매일매일의 공부 루틴을 만들어 두면 일일 계획을 세울 때 훨씬 편리하다.

07

실행 및 피드백

빠르게 실행하고 수정하자!

계획보다 중요한 것은 실천이다. 공부 방법을 찾고, 계획을 완성했다면 한시라도 빨리 실행을 해보자. 사실 아무리 거창하고 체계적인 계획을 세웠더라도 절대 내가 세운 계획대로 100% 지켜지지 않는다. 학기가 지나며 중간중간 수정도 많이 될 것이고, 학교 행사나 몸 컨디션으로 인해 상황에 따라 유연하게 대처해야 하는 경우가 정말 많다. 그러니 계획을 세웠다면 일단 공부를 해보면서 실행 정도를 파악하고, 그에 맞춰 지속적인 개선을 해나가도록 하자.

이를 위해서는 평소 자신을 꾸준히 성찰, 모니터링, 평가해야 하며, 구체적으로는 현재 자신의 학습이 제대로 이루어지고 있는지, 시간은 잘 관리되고 있는지, 이대로 가면 목표는 달성할 수 있는지에 대해 남은 공부량과 시간을 틈틈이 체크하며 점검할 필요가 있다. 정확하게 자신의 공부량과 집중도를 측정하기 위해서는 스톱워치를 활용해볼 수도 있다. 스톱워치로 공부 시간을 재면 나의 순 공부 시간을 파악할 수 있다. 이를 통해 자신의 학습을 객관적으로 성찰해볼 수 있다.

만약 매일/매주 목표량의 달성 여부를 체크해 보았을 때 제대로 달성되지 못하는 부분이 지속적으로 생긴다면 그 원인과 개선 방안에 관한 정확한 분석이 필요하다. 계획 자체가 무리하게 짜여진 것이라면 공부량과 스케줄을 조정해볼 수 있을 것이고, 내 공부 속도가 너무 느린 것이 원인이라면 효과적인 공부법을 찾아 공부 방식을 변경하는 노력을 기울일 수 있다. 만약 집중력을 흐트러트리는 요인이 있었다면 개선 방안을 모색해볼 수도 있다.

나에게 적합한 계획은 여러 번의 시행착오를 겪으며 수정해나가는 과정에서 완성된다. 계획을 짜고 실행한 후에는 반드시 자신의 부족한 점과 개선 방향에 관해 피드백하는 과정이 이뤄져야 한다.

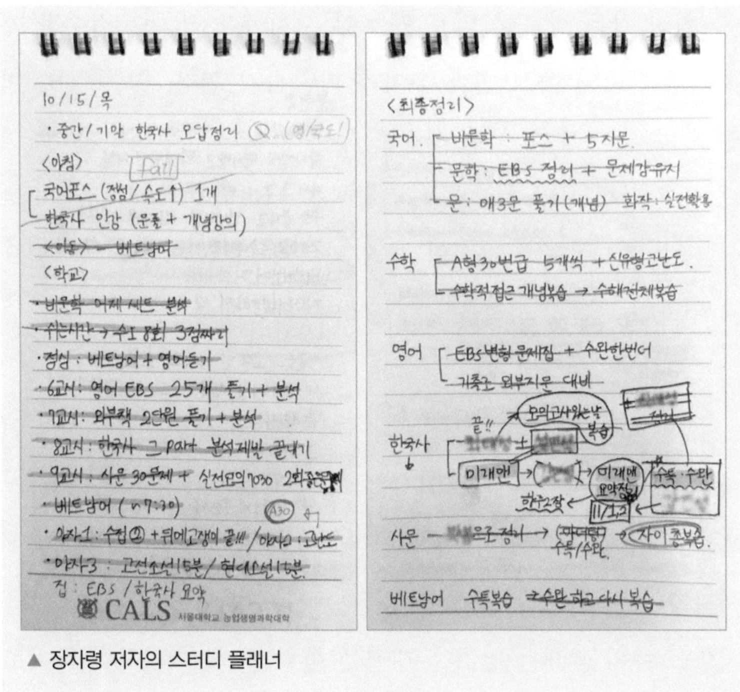

▲ 장자령 저자의 스터디 플래너

시험은 최고의 피드백 기회이다

시험 직후의 피드백은 나의 학습에 많은 시사점을 전달해주기에 매우 중요하다. 시험이 끝나면 절대로 시험지를 버리지 말고 빠른 시일 내로 시험과 시험 문제를 분석할 수 있도록 하자. 시험 관련 피드백 해야 할 구체적인 사항은 다음과 같다.

첫째, 과목별 시험 점수를 정리해두자. 노트나 스터디 플래너에 '성적 관리 항목'을 따로 만들어 시험마다 과목별 점수를 기록해두면 나의 성적 변화 추이를 파악하기 쉽다. 이를 통해 어떤 과목에 더 많은 공부 시간을 투자해야 하는지 파악할 수 있으며, 경각심을 가지고 꾸준히 공부를 이어나갈 수 있는 동기로 삼을 수 있다. 또한 자신의 강점 과목과 약점 과목을 분석함으로써 약점 과목의 성적을 올릴 전략을 마련해 볼 수도 있다.

두 번째로 '자신의 시험 계획'을 분석해보자. 가장 효과적인 학습 전략을 수립하기 위해서는 자신의 부족한 부분을 지속적으로 개선해 나갈 수 있어야 한다. 예를 들어 이번 영어시험에서 문제 풀이량이 부족해 응용된 문제를 많이 틀렸다면, 다음 시험을 준비할 때는 영어 문제집을 한두 권 더 추가하여 풀어보는 식으로 공부 계획을 수정할 수 있다. 이처럼 학습 결과가 나쁜 경우 개선을 위한 방안을 도출하고, 학습 결과가 좋은 경우 어떤 학습 전략이 나를 성공으로 이끌었는지 확인하여 해당 방법을 계속 활용한다면 성적 향상에 큰 도움을 받을 수 있다. 또한 이런 과정을 여러 번 거치며 자연스럽게 자신만의 시험 대비 노하우를 완성할 수 있다. 그러니 시험이 끝났다면 최대한 빨리 시험 준비과정을 복기하여 분석하고, 유의미한 정보를 발견할 수 있도록 하자.

셋째, 시험지를 통해 오답 유형을 분석하자. 똑같이 문제를 틀렸더라도 몰라서 틀린 문제, 실수한 문제, 찍은 문제 등 오답의 원인은 제각각이다. 이를 모두 분석하여 유형화해 정리하면 앞으로 내 점수를 올려 줄 유의미한 힌트들을 찾아낼 수 있다. 일반적으로 오답의 원인은 크게 '시험 기술 부족' 요인과 '시험 준비 부족' 요인으로 나눠볼 수 있는데, 각각의 세부 내용은 다음과 같다.

- 시험 기술 부족 : 시간 부족, OMR 답안 작성 오류, 문제 발문 착각, 단순 실수 등
- 시험 준비 부족 : 이해 부족, 암기 부족, 문제해결 전략 부족 등

여러분이 어떤 이유로 문제를 틀렸건 이에 대한 개선방안을 마련해 두지 않으면 다음번에도 똑같은 이유로 문제를 틀릴 가능성이 높다. 따라서 오답의 원인을 분석했다면 이에 따른 개선방안까지 함께 마련할 수 있어야 한다.

예를 들어 오답의 원인이 OMR 답안지 작성 오류라면 다음번에 시험을 칠 때는 답안지 작성 시간을 넉넉하게 남겨두고 마킹 완료 후에도 최소 2번 이상 다시 확인하는 식의 전략을 세워볼 수 있다. 만약 이번 시험에서 시간 관리를 실패했다면 앞으로는 시험을 1주일 앞둔 시점에 시간을 재며 기출문제를 풀어보는 식으로 훈련해볼 수 있다.

이처럼 실수를 했을 경우 그냥 '실수했네!'라며 넘어갈 것이 아니라 앞으로 어떻게 하면 실수를 방지할 수 있을지 생각해 보고, 해결방안을 마련하여야 한다. 다양한 오답 원인과 이에 따

른 해결책의 예시는 다음과 같다.

과목 / 문제	틀린 이유	개선방안
역사, 21번	암기 부족	암기한 내용을 백지 테스트 해본다.
역사, 26번	문제 발문 착각	'모두 고르시오'가 나온 경우 '모두'에 표시를 남긴다.
체육, 8~10번	답안 작성 오류	예비 마킹을 하고 마킹 후에 한 번 더 점검한다.
수학, 23~25번	시간 부족	시험 시간 분배 연습을 한다, 쉬운 문제부터 먼저 푼다.
과학, 18번	이해 부족	이해가 안 된 내용은 꼭 선생님께 질문하고 넘어간다.
국어 4번	문제 발문 착각	'옳지 않은 것'을 고르라고 제시된 경우 '않은'에 동그라미를 친다.

마지막으로 시험을 친 직후에는 선생님들의 시험 출제 스타일을 분석해야 한다. 선생님들의 출제 패턴을 한번 파악해 두면 이후 강약을 조절해서 효율적으로 공부할 수 있게 된다. 특히나 중간고사의 경우 해당 시험을 분석함으로써 기말고사 대비를 위한 많은 힌트를 얻어낼 수 있다.

예를 들어 꼼꼼한 암기가 중요한 문제가 많이 나왔다면 다음 번에는 더 신경 써서 암기하면 되고, 외부 지문과 응용문제가 많이 나온 과목의 경우 문제집을 여러 권 풀어보는 식으로 전략을 수정할 수 있다. 또한 교과서에는 적혀있지 않지만 수업 시간에 따로 말씀해주신 부분에서 문제가 많이 나왔다면 수업 시간에 더 집중하는 식의 전략을 세워볼 수도 있다. 이처럼 선생님별 출제 경향을 파악해 두면 다음 시험공부 시 어떤 부분에 중점을 두고 공부해야 하는지 쉽게 파악할 수 있다.

	1학기 중간고사 후기 (출제 경향)
국어	문제집 많이 풀 필요 없음! 필기와 프린트만 참고하기!
영어	외부 지문이 많이 나오므로 평소에 모의고사 문제로 연습하기
수학	심화 문제보다는 수학익힘책 변형문제가 많이 나옴.
과학	실험 순서 문제가 많이 출제됨.
사회	모두 고르라는 문제가 많이 출제되어서 어려웠음. 꼼꼼한 암기!
기술가정	교과서 구석에 적힌 작은 글씨들도 모두 꼼꼼히 보기!

이처럼 매 시험을 치를 때마다 총 4가지 사항에 대한 철저한 피드백을 진행해 보도록 하자. 시간이 흐를수록 성적이 오르는 학생들은 이러한 과정을 꾸준히 반복하는 학생들이다. 처음 공부를 시작하면 계획을 세우고, 공부 방법을 설정하는 것이 어렵고 막막하게 느껴질 수 있지만, 몇 번의 시험을 치르며 자기 피드백을 지속하다 보면 어느 순간 공부를 어느 정도로 해야 할지, 얼마나 깊이 있게 해야 원하는 점수를 얻을 수 있는지 저절로 감을 잡을 수 있다. 그러니 학습계획 수립의 마지막 단계인

'실행 및 피드백' 과정을 절대 간과하지 않길 바란다.

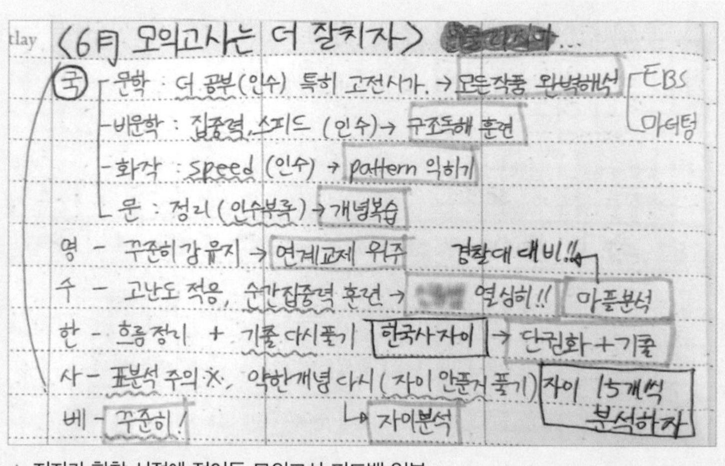

▲ 저자가 학창 시절에 적어둔 모의고사 피드백 일부

5장

학습의 원리: 이해와 암기

01

학습전략과 메타인지

앞 장들을 통해 올바른 계획 수립 방법을 알아보았으니 지금부터는 효율적인 학습 전략을 살펴보도록 하자. 학습 전략이란 새로운 지식과 기술을 습득하는 효과적이고 구체적인 방법을 의미하며, 학습 과정에서 어떤 학습 전략을 사용하는지에 따라 학습 성과에 큰 차이가 난다. 학습 전략을 잘 활용하는 학습자들은 학습 내용을 효율적으로 이해할 수 있을 뿐만 아니라 새로 들어오는 정보를 이전에 알고 있는 정보와 연결시켜 중요한 개념을 중심으로 전체 내용을 조직화해낼 줄 안다. 반면에 학습 전략을 활용하지 못하는 학습자는 같은 시간을 공부하더라도 내용을 제대로 이해하지 못할 뿐 아니라 무엇이 중요한 내용인지 정확하게 파악하지 못한다.

메타인지의 중요성

올바른 학습전략을 활용한다면 메타인지 능력도 향상시킬 수 있다. 메타인지(metacognition)란 1976년 미국의 심리학자 존 플라벨에 의해 만들어진 용어로[44] '고차원(= meta)의 인지'를 의미한다. 즉, 메타인지는 자신을 객관화하여 관찰할 수 있는 능력이라고도 할 수 있다. 또한 메타인지는 내가 무엇을 알고 모르는지 파악하는 것부터 모르는 부분을 보완하기 위한 계획과 그 계획의 실행과정을 평가하는 것까지 전 과정에 관여한다.[45]

그렇다면 인간만이 갖고 있는 특성인 메타인지는 왜 만들어졌을까? 바로 두뇌 활동의 효율을 높이기 위함이다. 인간의 두뇌는 크기는 작지만 하루에 2~30%의 에너지를 소모한다. 특히 인간이 직립보행을 하면서부터 에너지 공급원인 심장과 두뇌의 위치가 멀어지자 뇌는 생존에 유리하기 위해 에너지 소모를 줄여야 했고, 이로 인해 메타인지가 생겨나게 되었다.

메타인지를 통해 인간은 자신이 알고 모르는 것을 빠르게 파악할 수 있는 판단력을 얻었다. 예를 들어 누군가 우리에게 "대한민국의 수도가 어디냐"고 물으면 바로 답할 수 있지만, "가이아나에서 세 번째로 큰 도시 이름이 무엇인가"라고 묻는다면 바로 모른다고 답할 것이다. 이것이 가능한 이유가 바로 메타인지 덕분이다. 만약 같은 질문을 인공지능에게 물었다면 모든 데이

터베이스를 다 훑고 나서야 모른다는 결론을 내릴 수 있을 것이다. 이는 아주 큰 차이이다.[46]

메타인지 역량은 학업성적과도 큰 연관이 있다. 네덜란드 라이덴 대학의 베엔만 교수에 따르면 IQ가 성적의 25%만을 결정하는 반면, 메타인지는 무려 40%를 결정한다고 한다. 즉, 높은 성적을 얻기 위해서 높은 메타인지 능력을 갖추는 것은 필수적이다. 그 외에 메타인지와 성적 간의 연관성을 보여주는 유명한 연구로는 EBS에서 실시한 연구가 있다. 해당 실험에서는 성적이 상위 0.1%인 고등학생 다섯 명과 보통인 학생 다섯 명을 대상으로 서로 연관성이 없는 단어 25개를 보여준 후 각 단어당 3초씩 외우게 했다. 그리고 정해진 시간이 흐른 뒤 학생들에게 본인이 몇 개의 단어를 기억하고 있을 것 같은지 예측하게 하고, 단어 시험을 치르게 했다.

실험 결과 두 그룹이 제한 시간 안에 외울 수 있는 단어의 수에는 큰 차이가 나지 않았지만 '자신이 외울 수 있는 단어의 수를 예측하는 정도'에 있어서는 큰 차이가 나는 것으로 밝혀졌다. 성적이 상위 0.1%인 학생 다섯 명 중 네 명은 자신이 맞힐 것으로 예측한 단어의 숫자와 실제로 맞힌 단어의 숫자가 일치하였으며, 단 한 명의 학생만 예상한 것보다 한 개의 단어를 더 맞혔다. 하지만 성적이 보통인 학생은 단 한 명도 자신이 맞히리라 예측한 단어 수와 실제 기억한 단어 수가 일치하지 않았다. 심

지어 자신이 맞힐 것으로 생각했던 단어보다 6개나 덜 맞힌 학생도 있었다.[47]

이 차이가 바로 메타인지에서 비롯된 것이다. 실제로 성적이 우수한 학생들은 평소 시험을 치면 자신이 안다고 생각하는 것은 확실히 맞히고, 모른다고 생각하는 것만 틀리는 경향이 있다. 반면 성적이 보통인 학생들은 스스로 잘 안다고 생각한 내용도 틀리는 경우가 잦다. 제대로 알지 못하는 내용을 안다고 착각했기 때문이다.

이와 같이 여러 번 본 것만으로 알고 있다고 착각하는 인지적 오류를 '친숙함의 함정'이라고 부른다. 중하위권 학생들은 메타인지가 약하기에 친숙함의 함정에 자주 빠지곤 한다. 반면 최상위권은 메타인지를 통해 자신이 아는 것과 모르는 것을 정확하게 구분하며 전략적으로 학습을 수행하기에 해당 오류에 빠지지 않는다. 더 나아가 자신의 학습 과정을 끊임없이 살펴보고 지금 하는 학습의 방법이 효과적인지를 끊임없이 모니터링하며 자신의 학습법을 발전시켜 나간다.

다행히 메타인지는 훈련을 통해 향상될 수 있다고 알려져 있으며, 사용할수록 점점 더 좋아지는 기능이다.[48] 여러분도 이번 단원을 통해 올바른 학습 전략을 배운다면 충분한 메타인지를 기를 수 있다.

우리는 가장 먼저 '이해'와 '암기'의 방법을 알아볼 것이다. 모든 공부는 '이해'와 '암기'의 과정을 거친다. 둘 중 하나만 부족해도 제대로 된 학습이 이뤄지지 않는다. 예를 들어 사회 과목에서 '문화 상대주의'를 배웠다면 가장 먼저 이 용어가 무엇을 뜻하는지 이해할 수 있어야 한다.

문화 상대주의의 사전적 정의는 '사회의 환경과 맥락을 고려하여 세계 문화의 다양성을 인정하고 이해하는 태도'이다. 하지만 단순히 이 문장을 읽는 것으로는 학습이 충분히 이뤄졌다고 할 수 없다. '아~ 미국에서는 윗사람을 이름으로 부르고 우리나라에서는 존칭을 사용하는데, 이처럼 각 사회의 문화와 환경이 다르다는 것을 인정하고 받아들이는 태도가 문화 상대주의구나'라는 식으로 배운 내용을 내 언어로 설명할 수 있어야 진짜 이해를 한 것이다.

다음으로 중요한 것은 '암기'이다. 문화 상대주의가 무엇인지 이해를 해놓고도 정작 시험에서는 해당 단어가 '문화 상대주의'인지 '문화 사대주의'인지 혼동하게 된다면 문제를 맞힐 수 없다. 특히 이런 현상은 주관식 문제에서 더 두드러지게 나타나는데, '세계 문화의 다양성을 인정하고 이해하는 태도를 일컫는 용어를 쓰시오'라는 주관식 문제가 출제되면 '문화 상대주의'라는 용어를 떠올리지 못하는 경우가 많다. 이런 현상은 '암기'의 과정이 제대로 이뤄지지 않았기 때문에 발생한다.

이처럼 공부에서 '이해'와 '암기'의 둘 중 하나만 부족해도 시험에서 좋은 성적을 거둘 수 없다. 상위권 학생들의 경우 어린 시절부터 꾸준히 공부해온 덕분에 어느 시점에 스스로 이해와 암기의 요령들을 터득한 경우가 많다. 하지만 뒤늦게 공부를 시작한 친구들, 공부 경험이 많지 않은 학생들은 이 두 가지가 제대로 되지 않아 공부를 열심히 하는데도 성적이 안 나온다고 느끼며 막막해하기 쉽다. 지금부터 잘못된 학습 전략과 올바른 학습 전략에는 어떤 것들이 있는지, 자세한 내용을 함께 살펴보자.

02

많은 학생들이 저지르는 실수 4가지

효과가 없거나 적은 학습법

학생들이 많이 사용하지만 이해와 암기에 별다른 도움을 주지 못하는 공부법에는 다음과 같은 것들 있다.

① 밑줄 긋기

'공부를 열심히 한다'라고 하면 대개 밑줄이 빽빽이 그어진 교과서를 떠올린다. 물론 밑줄을 긋는 것 자체가 잘못된 공부법은 아니다. 상위권 학생의 교재에도 밑줄이 그어져 있다. 문제는 성적이 좋지 않은 학생의 교재에도 밑줄은 예쁘게 그어져 있다는 것이다. 그렇다면 두 그룹의 성적 차이는 어디서 발생하는 것일까?

그 차이는 밑줄을 긋고 공부가 끝났다고 생각하느냐, 밑줄 친 내용을 여러 번 반복하며 제대로 학습하느냐 여부에 있다. 교재에 밑줄을 그었다고 해서 공부가 끝난 것이 절대 아니다. 오히려 밑줄 그은 것만으로도 만족해버려서 제대로 내용을 읽지도 않은 채로 넘어가게 된다면, 밑줄을 치지 않은 채 교재를 정독할 때보다 학습 효과가 떨어진다.

밑줄은 나중에 '복습할 때'를 대비해 중요하게 살펴봐야 할 부분을 표시해놓는 기능을 할 뿐이다. 또한 밑줄 친 부분에만 의존해 지엽적인 공부를 할 경우 전체 흐름을 놓칠 수 있으니 이 역시 주의를 기울여야 한다.

② 내용 단순요약

학원에서 교과서의 내용을 핵심키워드 위주로 압축해놓은 요약집을 나눠주거나 학생 스스로 요약된 교재를 구매해서 보는 경우가 많다. 하지만 처음부터 단순 요약된 내용만 보는 것은 오히려 독이 될 수 있다. 각각의 개념을 정확하게 이해하기 위해서는 전체적인 맥락을 고려하여 살펴보아야 하지만, 요약집에는 구체적인 설명이 모두 생략되어 있어 제대로 된 이해가 어렵기 때문이다.

따라서 요약집은 자신이 이미 교과서나 기본서를 통해 전반적인 내용을 완전히 이해한 상태에서 참고하는 정도로만 활용해야 한다. 만약 시간이 촉박해 요약서를 바로 보게 되더라도 제대로 이해가 되지 않는 내용은 꼭 본 교재를 참고하여 충분히 이해하고 넘어갈 수 있어야 한다.

③ 단순 반복 읽기

흔히 N회독 공부법으로 알려진 공부법은 잘못 활용한다면 단순히 책을 여러 번 넘겨본 것에 그칠 수 있다. N회독의 핵심은 제대로 이해하고, 암기의 과정을 거치며 여러 번 반복해서 공부하는 것이다. 단순히 책을 여러 번 읽는 것은 성적 향상에 큰 도움이 되지 않는다.

④ 좁은 시야로 공부하기

우리 뇌는 다음과 같은 두 가지 모드로 작동하는 것으로 알려져 있다.

- 집중모드: 눈앞의 정보에 주의 깊게 의식이 향하는 상태
- 완화모드: 긴장이 풀려 사고가 자유로운 상태[49]

한 과목이나 한 단원을 몇 시간에 걸쳐 철저하게 공부하는 경우 뇌는 '집중모드'에 들어가게 된다. 이 모드에서는 특정 정보에 대한 이해도가 향상되는 장점이 있지만, 지식이 확산되거나 응용되지 못한다는 한계가 있다. 따라서 이 방식만으로는 개념

과 단원 간의 통합 능력을 묻는 심화 문제를 대비할 수 없다.

반면 완화모드에서는 사고가 자유롭기 때문에 머릿속에서 다양한 정보가 결합되어 새로운 발상을 만들어낸다. 잠들기 직전, 혹은 샤워하는 도중에 좋은 아이디어가 떠오르거나 문제에 대한 해결책을 찾게 되는 이유도 뇌가 '완화모드'에 놓여있기 때문이다.

공부를 잘하기 위해서는 해당 2가지 모드를 적절히 섞어 활용하는 것이 중요하다.[50] 집중해서 공부하다가도 공부하고 있는 내용에서 한 걸음 물러서서 이 부분이 교과목 전체 목차 중 어느 파트에 해당하는지, 다른 단원 및 개념들과 어떻게 연결, 통합될 수 있는지 수시로 점검해보아야 한다.

03

추상적인 개념을 이해하는 법

지금부터는 본격적으로 학습 내용을 '이해'하는 방법을 배워보자. 보통 학생들이 공부가 어렵다고 느끼는 이유는 학습하는 개념들이 상당히 추상적이기 때문이다. 학년이 올라갈수록 이런 경향은 강해진다.

추상성은 세상의 다양한 현상을 체계적으로 이론화하는 과정에서 발생한다. 알코올을 바닥에 쏟았을 때 시간이 지나며 증발하는 현상을 '기화'라는 용어로 설명하며, '같이'가 '가치'로 발음되는 현상, 즉 'ㄷ, ㅌ'이 'ㅣ'모음을 만나 'ㅈ, ㅊ'으로 바뀌는 현상을 '구개음화'라는 용어로 바꿔 설명한다. 그렇기에 공부가 어렵게 느껴지는 것이다.

이러한 추상적인 개념을 제대로 이해하기 위해서는 몇 가지 전략들이 필요하다. 하나씩 방법들을 살펴보자.

실생활과 연관 지어 이미지화하기

첫 번째로 학습 내용의 이해를 돕는 방법은 바로 이미지화이다. 해당 방법의 경우 사회, 과학 과목에서 특히 유용하게 활용할 수 있다. 이미지화를 위해서는 교재에 나오는 개념을 최대한 실생활과 연관 지어 머릿속 이미지로 떠올려 보아야 한다. 예를 들어 사회 시간에 '국민의 4대 의무로는 교육의 의무, 근로의 의무, 납세의 의무, 국토방위의 의무가 있다'는 내용을 배웠다면 각 항목을 텍스트로만 받아들이기보다는 학교에서 교육받는 학생들의 모습, 나라를 지키는 군인의 모습 등을 함께 떠올려 보면 훨씬 개념의 이해도를 향상시킬 수 있다.

과학에서도 '관성의 법칙'을 배운 경우 버스가 빠르게 달려가다 멈추자 탑승한 승객이 휘청거리는 모습 등을 생생한 이미지로 떠올려 보면 무작정 개념을 외울 때보다 훨씬 이해도를 증가시킬 수 있다.

기존 정보와 결합하기

우리의 뇌는 기존 지식에 새로운 지식을 결합하여 학습하는 특성이 있다. 따라서 새로 배우는 내용을 최대한 기존에 알던 정보와 결합하여 이해하려는 노력이 큰 도움이 된다.[51]

예를 들어 수학 시간에 이차방정식을 새로 배웠다면 이전에 배운 일차방정식과 연관 지어 어떤 공통점과 차이점이 있는지 생각해 볼 수 있으며, 역사 시간에 조선 후기의 사회상황을 다뤘다면 조선 전기의 사회 상황과 연관 지어 생각해 볼 수 있다. 이처럼 의식적으로 기존에 알고 있는 정보와 결합해 새로운 지식을 익히면 훨씬 깊이 있는 이해를 할 수 있다.

이러한 사실은 우리가 저학년부터 착실히 공부해야 할 필요성을 드러내기도 한다. 저학년 때 배운 지식은 고학년에서 배우는 내용의 '배경지식'이 되어주기 때문에 입시와 직결되지 않더라도 확실히 익히고 넘어가는 것이 좋다. 그 외에도 평소에 틈틈이 책을 읽고, 신문과 뉴스를 봐둔다면 학교에서 배우는 지식을 더 수월하게 흡수할 수 있는 기반이 만들어질 것이다.

설명하기

'설명하기'는 학습한 내용의 이해도를 증폭시킬 수 있는 가장 좋은 방법의 하나다. 이 방법을 활용하면 '친숙함의 함정'에서도 쉽게 빠져나올 수 있다. 예를 들어 수학 문제를 풀 때 문제가 잘 풀리지 않아 해설지를 보면, 우리는 스스로 풀이를 이해한 것처럼 착각하게 된다. 그러나 이 경우 설명하기를 시도하면 제대로 설명이 안 되는 경우가 많다. 해당 풀이 과정을 완전히 이해하지 못한 것이다.

이는 학교와 학원 수업에도 동일하게 적용된다. 선생님이 가르쳐 주시는 내용을 듣기만 해서는 제대로 학습이 이뤄지지 않는다. 내가 남에게 직접 설명할 수 있어야 비로소 제대로 공부를 했다고 할 수 있다.

실제로 한 공부법 교육 업체에서 서울대생 3000명을 대상으로 조사한 결과, 학창 시절 가장 많이 사용한 공통적인 공부법으로 '설명하기'가 뽑힌 적 있다. 스스로 소리를 내어 설명해 보거나 친구나 동생에게 배운 내용을 설명해 보는 경우가 이에 해당한다. 필자 역시도 학창 시절에 시험 기간이 되면 집에서 키우던 강아지와 고양이를 앉혀두고 마치 선생님이 된 것처럼 개념을 설명하며 시험을 준비하기도 했었다.

이처럼 배운 것을 설명해 보거나 혹은 공부 과정에서부터 '남에게 내용을 알려줄' 생각으로 공부를 하게 되면, 학습 자세가 능동적으로 바뀌고 학습 내용의 요점 파악 능력이 올라가는 효과가 있다. 또한 복잡한 내용을 쉽게 정리해서 전달하기 위해 고민하는 과정에서 재언어화가 발생하게 된다. 재언어화란 같은 내용을 다른 말로 풀어서 설명하는 것을 의미하는데, 추상적이고 복잡한 정보를 자신의 말로 재언어화하는 과정에서 해당 정보에 대해 더 깊게 이해할 수 있게 된다.[52, 53, 54]

이처럼 '설명하기' 방법을 적극적으로 활용한다면 공부 과정에서 큰 도움을 받을 수 있으며 자신이 제대로 이해하지 못한 부분을 빠트리지 않고 찾아낼 수 있다.

전체 흐름 속에서 이해하기

모든 개념은 전체 내용의 흐름 속에서 학습할 수 있어야 한다. 그리고 교과목의 전체 구조를 파악하기 위해서는 '목차'를 잘 활용하여야 한다.

여러분은 평소 책을 읽거나 교재를 볼 때 목차를 얼마나 활용하는가? 목차는 쳐다보지도 않고 바로 첫 장으로 직행하는 경우도 있을 것이고, 간단히 목차를 살펴보는 경우도 있을 것이다. 하지만 지금까지는 어떠했든지 간에 앞으로는 교과서의 목차를 꼭 잘 활용할 수 있도록 하자.

모든 글쓴이는 책을 쓸 때 목차를 가장 중요하게 생각하고 목차의 구성에 많은 정성을 들인다. 목차는 전체 책 내용의 줄기이자 단원 간의 위계를 드러내는 지도이기 때문이다. 목차만 잘 살펴보아도 학습할 내용을 한눈에 알아볼 수 있고, 무엇에 중점을 두고 공부해야 하는지 손쉽게 파악할 수 있다. 예를 들어 다음 한국사 교재의 목차를 살펴보자.

II 고려 귀족 사회의 형성과 변천

01. 고려의 성립과 발전

02. 고려의 변화와 개혁

03. 고려의 경제와 사회

04. 고려의 사상과 문화

III 조선 유교 사회의 성립과 변화

01. 조선의 건국과 통치 체제의 정비

02. 조선 전기의 경제, 사회, 문화

03. 조선 전기의 대외 관계와 양 난의 극복

04. 조선 후기의 정치 변동과 제도 개편

05. 조선 후기의 사회 · 경제적 변동

06. 조선 후기의 사회 개혁론과 서민 문화

가장 먼저 두 개 대단원의 제목을 통해 고려는 '귀족 사회'이고 조선은 '유교 사회'라는 차이가 있음을 파악할 수 있다. 다음으로 2단원에서는 '고려와 성립과 발전 – 변화와 개혁– 경제와 사회 – 사상과 문화' 순으로 내용이 전개됨을 알 수 있다. 이 경우 2단원 공부를 진행할 때 무작정 암기를 하는 것이 아니라 지금 내가 익히는 개념이 어떤 분야에 속하는지 생각하며 체계적인 공부를 해나갈 수 있다.

목차를 제대로 파악하고 있으면 각 단원을 다른 단원과 비교, 대조, 연결하며 내용을 폭넓게 파악하기도 쉽다. 예를 들어 2단원과 3단원에서 각각 고려와 조선의 경제, 사회, 문화 파트가 다뤄지는데, 이 경우 조선을 공부하면서 앞서 배웠던 고려의 특징과 비교하여 국가 간의 공통점과 차이점을 파악할 수 있다. 이런 방식은 여러 단원과 개념을 통합해 문제를 내는 수능을 대비하기에도 적절한 방식이며 내신에서 심화 문제가 출제되더라도 어렵지 않게 풀 수 있는 기반이 되어 준다.

목차 활용법 외에도 전체 흐름을 잘 파악하며 공부하는 방법으로는 '레이어드식 리딩'이 있다. 이는 교재를 빠르게 여러 번 반복해서 읽는 방법을 의미한다. 이 방법은 교재를 처음 공부할 때나 난도 높은 내용을 공부할 때 활용 가능한데, 각 단계의 독해법은 다음과 같다.[55]

1. 훑어보기: 목차를 염두에 두고 전체 내용을 파악하는 수준에서 빠르게 교재를 훑어본다. 모든 내용을 다 이해할 필요 없이 굵직한 키워드 위주로 파악한다.
2. 다시 빠른 속도로 읽기: 기본적인 내용을 파악하는 수준에서 읽는다.
3. 잘 이해되지 않는 부분 찾기: 내가 뭘 모르는지 명확히 판단하며 한 번 더 읽는다.
4. 완전한 이해: 자신의 말로 친구에게 설명할 수 있을 정도의 수준을 목표로 다시 읽는다.

어렵다고 느껴지는 과목일수록 처음부터 모든 내용을 이해하며 읽기보다는 여러 번에 걸쳐 빠르게 읽는 것이 이해에 더 도움이 된다.

04

뇌 과학을 활용한 암기법 ①

기억의 메커니즘

탄탄한 이해가 갖춰졌다면 다음으로 해야 할 것은 바로 '암기'이다. 그러나 많은 학생이 '암기'에 대해 모호하게 생각하는 경향이 있다. 과연 앉아서 열심히 책을 보았다고 암기가 끝난 것일까? 필자가 영어 과외를 진행해 보면 학생들은 자신이 단어를 여러 번 공부했으니까 그 단어를 '암기'했다고 착각하는 경우가 많다. 하지만 막상 단어의 뜻을 물어보면 기억하지 못한다. 제대로 암기가 되지 않은 것이다.

그렇다면 암기는 어떻게 이뤄지는 것일까? 많은 인지 과학자들이 기억의 메커니즘을 밝히기 위해 오랫동안 연구를 지속해왔다. 먼저 사람의 기억은 크게 '감각기억, 단기기억, 장기기억'으로 구분된다. '감각기억'은 단 몇 초만 기억되는 순간적인 기억이다. 우리가 카페에서 메뉴를 보았을 때 순간적으로 형성되는 기억이 감각기억에 해당한다. '단기기억'은 30초 정도 짧게 유지되는 기억이다. 영어 단어를 공부할 때 방금 본 단어가 잘 기억이 나는 것도 단기기억이 형성되었기 때문이다. 반면 장기기억은 수개월에서 평생 기억되는 기억으로, 우리가 '암기가 제대로 되었다'라고 말하는 것은 바로 이 장기기억이 형성되었음을 의미한다.[56]

그렇다면 공부를 하는 상황을 떠올려 보자. 새로운 개념을 배우기 위해 교재를 읽으면 기억이 '감각기억'을 지나 '단기기억'으로 넘어온다. 그리고 같은 내용을 반복해서 공부하면 '단기기억'이 '장기기억'에 저장되게 된다. 그리고 추후 시험상황에서 공부한 내용을 떠올리면 해당 지식은 '장기기억'에서 인출되어 '단기기억'으로 불려오고[57] 우리는 시험 문제를 풀어나갈 수 있다.

방금 읽은 문단에서 암기의 가장 중요한 두 가지 원리가 등장했다. 바로 '인출'과 '반복'이다. 인출과 반복은 매우 효과적인 암기 전략이며, 이 방법들을 통해 복습 횟수를 줄이고 간격을 늘려 전체 학습량을 줄일 수 있다.

가장 강력한 암기법, 인출

인출에 대해 알아보기에 앞서 사람이 기억을 떠올리기 위해 사용하는 방법들을 살펴보자. 하버드 출신 신경과학자 제레드 쿠니 호바스 교수의 저서 『사람은 어떻게 생각하고 배우고 기억하는가』에 따르면, 인간은 기억을 되살리기 위해 '리뷰, 인식, 인출'의 총 3가지 방법을 사용한다고 한다.

먼저 '리뷰'는 기억을 활성화하는 데 전적으로 외부 요소에 의존하는 방식이다. 배운 내용을 기억하기 위해 책을 다시 읽거나, 녹음된 강의를 다시 듣고, 필기 노트를 다시 보는 방식이 리뷰에 해당한다. 이런 행동을 하면 당연히 잠깐은 기억이 되살아난 것처럼 느낄 수 있지만 사실 해당 방식으로는 기억을 제대로 강화할 수 없다. 제대로 암기를 하고 싶다면 더 수준 높은 노력이 필요하다.

두 번째 방법인 '인식'은 기억을 되살리는 과정에서 내부와 외부의 요소를 혼합하는 방식을 의미한다. 가령 시험 상황에서 객관식 선지를 보고(외부 요소) 자신의 기억을 활성화해(내부요소) 정답을 고르는 행위가 '인식'에 해당한다고 할 수 있다. 그러나 인식은 외부로부터의 힌트가 없는 주관식 시험과 같은 상황에서는 기억을 되살려 정답을 찾아낼 수 없다는 한계를 지닌다.

마지막 방법인 '인출'은 아무런 외부의 도움 없이 오롯이 내부적 단서들만 활용해 기억을 불러오는 방식이다. 분명히 교과서에서 여러 번 본 내용인데 교재를 보지 않고 개념을 떠올리려고 하니 기억이 나지 않은 경험이 있을 것이다. 이는 인출이 부족하기 때문이다. 3가지 방법 중 인출이 장기기억 형성을 위해 가장 중요하다.[58]

실제 인출의 효과는 여러 실험을 통해 증명된 바 있다. 1917년 미국 컬럼비아 대학에서 실시한 실험에서 참여 학생들은 〈미국 인명사전〉에 있는 유명인들의 업적을 발췌해 공부하도록 지시받았는데, 첫 번째 그룹은 자료를 본 후 스스로 떠올려 암송(인출)했고 나머지 그룹은 단순히 사전을 반복해서 읽었다. 그 결과 인출을 진행한 그룹이 내용을 반복해서 읽기만 한 그룹보다 30% 더 많은 내용을 기억했다고 한다.[59]

우리나라에서도 비슷한 실험이 진행된 적 있다. 미국 컬럼비아 대학교 심리학과 교수 리사 손은 인천 하늘고등학교 1학년 학생들에게 영어 단어 50개를 보여주고 외우게 했다. 학생들은 두 그룹으로 나뉘어 각각 자체 테스트를 통해 인출하는 방식과 교재를 반복해서 읽는 방식으로 공부를 했다. 둘 중 어떤 공부법이 더 좋은 효과를 보였을까? 인출을 시행한 학생들의 점수가 약 10점 더 높았다.[60]

이처럼 기억의 인출은 뇌에 적절한 자극을 줘서 높은 학습효과를 불러일으킨다. 따라서 우리는 학습 과정에서 의식적으로 학습한 개념을 인출할 수 있어야 한다. 그렇다면 인출의 방법에는 어떤 것들이 있을까?

첫 번째로 머릿속에서 배운 내용을 시험화/퀴즈화 해볼 수 있다. 시험을 많이 칠수록 학생들의 성적이 올라가는 현상을 '시험효과'라고도 부르는데, 이는 우리가 보통 시험을 치르는 과정에서 배운 지식을 인출하게 되기 때문이다. 정보를 기억해 내려고 노력할 때마다 우리의 뇌에서는 뉴런이 다시 조합되어 기억력이 강화된다. 평소 시험효과를 활용하기 위해서는 교재의 한 파트를 읽고 나서 책을 보지 않고 무슨 내용이 있었는지 생각해 보는 훈련이 도움이 된다. 방금 읽은 내용의 요점이 뭐였는지 생각해 보고 혼잣말로 인출해 보는 행위는 능동적으로 뇌를 사용할 수 있게 도와준다.

노트 정리나 수업 시간에 한 필기를 정리해보는 과정에서도 인출을 활용할 수 있다. 단, 필기할 때 내용을 보고 베껴 적는 것이 아니라 자신의 힘으로 떠올리며 써볼 수 있도록 하자. 보고 베껴 적는 행위는 단순히 손을 노동하는 것에 지나지 않는다. 머릿속으로 떠올려 보면서 써야 인출이 발생하고 해당 내용이 장기기억화 될 수 있다.

마지막으로 백지 테스트를 적극적으로 활용하자. 이 방법은 많은 공부법 서적에서도 소개되는 방식인데, 공부 후에 자신이 학습한 내용을 보지 않고 백지에 체계적으로 정리해보는 방법을 의미한다. 처음 백지 테스트를 해보면 방금 본 내용조차 제대로 기억이 나지 않아 당황스러울 수도 있다. 하지만 이 과정을 통해 내가 무엇을 놓치고 있는지 제대로 알 수 있으며, 학습 과정에서 어느 정도로 집중을 하고 자주 인출해 보아야 하는지 감을 잡을 수 있다.

필자도 국어 과목에서 백지 테스트의 덕을 톡톡히 본 기억이 있다. 고등학교 1학년 때 아무리 교과서 내용을 열심히 보고 문제를 많이 풀어도 문학 성적이 매번 원하는 만큼 나오지 않아 고민한 적이 있다. 성적 향상을 위해 많은 방법을 시도한 끝에 2학년 2학기부터는 시험 범위에 포함된 모든 작품의 필기 내용을 백지 복습하는 방법을 사용하게 되었다. 그리고 이 과정을 통해 그동안 내가 작품 간의 특징을 완벽하게 구분하지 못한 상태에서 시험을 쳐왔다는 사실을 깨달았다. 눈으로 여러 번 읽어 본 후 제대로 암기했다고 착각했기에 작품별로 헷갈릴 만한 선지가 등장하면 어김없이 문제를 틀렸던 것이다. 다행히도 백지 복습법을 활용한 이후로는 국어 문학에서 원하는 만큼의 점수를 얻을 수 있었다.

이처럼 인출의 방법은 우리가 '친숙함의 함정(여러 번 본 것만으로도 알고 있다고 착각하는 인지적 오류)'에서 빠져나오게 도움을 줄 수 있다. 우리의 뇌는 진화의 과정에서 '효율성'을 매우 중요시하게 설계되었기 때문에 '내가 이미 알고 있다'라고 판단한 지식과 정보에 대해서는 더는 시간과 에너지를 투자하지 않는 특성이 있다. 이로 인해 친숙함의 함정에 빠지면 제대로 알지 못하는 내용에 관해 추가적인 학습을 할 기회를 놓치게 된다. 반드시 '인출' 과정을 통해 학습 여부를 점검할 수 있어야 한다.

반복 학습 & 분산 학습

다음으로 암기에 있어서 중요한 전략은 바로 '반복 학습'이다. 아마 한 번쯤 에빙하우스의 망각 곡선에 대해 들어보았을 것이다. 에빙하우스의 망각 곡선은 정보가 처음 학습된 후에 잊히는 속도를 설명해주는 곡선인데, 에빙하우스의 연구 결과에 따르면 인간은 학습한 지 10분 후부터 배운 내용을 잊기 시작하여 20분이 지나면 38%, 1일 지나면 67%, 그리고 한 달 뒤에는 무려 79%를 망각한다고 한다. 즉, 오늘 내가 아무리 열심히 공부했더라도 20분 뒤에는 절반 가까운 내용을, 한 달 뒤에는 80%의 내용을 망각하게 되는 것이다.[61]

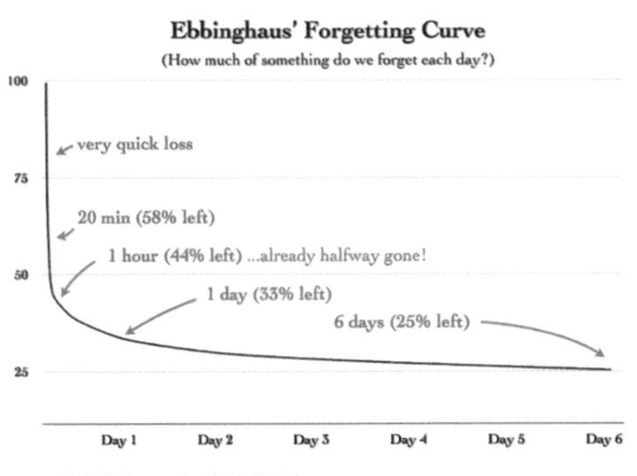

▲ 에빙하우스의 망각 곡선

물론 망각 자체는 자연스러운 현상이다. 그러나 공부에서는 학습한 내용을 오래 기억하는 것이 중요하므로 망각 곡선을 비껴가기 위해 반드시 '반복 학습'을 진행해야 한다.

이때 단기간에 여러 번 반복 학습을 진행하기보다 여러 시기에 걸쳐 분산해서 학습을 진행하는 것이 더 효과적이다. 에빙하우스의 연구결과에 따르면, 단어 100개를 하루 만에 외우기 위해서는 총 68회의 반복 학습이 이뤄져야 하지만 3일에 걸쳐 외우기 위해서는 38회의 반복 학습만 진행하면 되는 것으로 밝혀졌다. 이는 학습을 통해 자극을 받은 뇌의 뉴런이 기억 네트워크를 구성하기까지 상당히 오랜 시간이 걸리기 때문이다. 벽돌을 쌓아 올릴 때 시멘트가 마르기까지 시간이 필요하듯 정보가 뇌에 자리를 잡기 위해서도 반드시 일정한 숙성 기간이 필요하다. 만약 우리의 뇌가 일상에서 접하는 모든 정보를 빠르게 받아들여 버리면 되면 온갖 사소한 정보들까지 다 기억하게 되어 정작 중요한 데이터를 잊게 될 수도 있다. 이런 사태를 막기 위해 뇌는 시간이 지난 후에도 '반복해서' 들어온 정보만 중요하다고 판단하고 오래 기억한다.[62]

따라서 암기해야 할 내용은 한꺼번에 다 외우려 하지 말고 자투리 시간을 활용하여 짧게 반복적으로 학습하는 것이 좋다. 이처럼 짧게 반복하며 공부하면 평소 흥미가 적은 과목이라도 싫증을 덜 느낄 수 있다.

그렇다면 반복 학습에 있어 최적의 복습 패턴은 무엇일까? 에빙하우스의 연구 결과에 따르면, 학습 1~2일 후 - 7일 후 - 16일 후 - 35일 후 - 62일 후에 배운 내용을 복습하는 것이 가장 효과적이라고 한다.[63] 물론 이 날짜를 그대로 지켜야 하는 것은 아니며 대략적으로 참고하여 활용하면 된다. 예를 들어 오늘 학습한 내용을 하루 뒤, 1주 뒤, 2주 뒤, 1달 뒤, 2달 뒤에 복습해볼 수 있다.

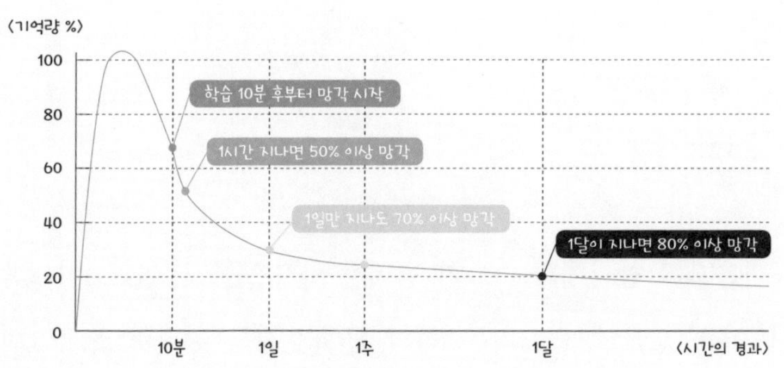

이처럼 여러 번에 걸쳐 반복 학습을 할 경우, 복습 횟수에 따라 필기구를 다르게 활용하는 방법을 추천한다. 제일 많이 쓰는 방법은 처음 공부를 할 때는 연필로 밑줄을 치고, 그다음에는 볼펜으로 더 핵심적인 내용을 밑줄 치고, 마지막으로는 정말 중요한 내용이나 끝까지 외워지지 않는 내용에 형광펜으로 표시를 하는 것이다. 이처럼 복습 횟수에 따라 필기구를 구분하여 사용하면 시간이 지남에 따라 정말 중요한 내용만 남길 수 있게 된다.

05

뇌 과학을 활용한 암기법 ②

구조화

다음으로 암기에서 중요한 원리는 바로 '구조화'이다. 이는 앞서 '이해' 파트에서 살펴본 '목차 활용법'과도 상당히 유사한데, 구분이 없는 데이터에 '자기 나름의 틀'을 정하고 독립된 항목들을 기준에 따라 그룹화하는 과정을 '구조화'라고 한다.

인간의 두뇌는 기본적으로 모든 지식을 구조화하여 저장하게 되어있으며[64] 해당 방식을 통해 지식을 하나로 묶어 저장하면 뇌의 부담을 줄일 수 있어 암기 과정 역시 수월해진다. 필요할 때 기억을 쉽게 끄집어낼 수도 있다.

시험지를 받아들었을 때 분명히 공부한 내용인데 순간적으로 기억이 잘 나지 않는 경험을 한 적이 있을 것이다. 이는 공부한 내용이 머릿속에 뒤엉켜있기 때문에 그렇다. 우리가 마트에 갔을 때 물건이 종류별로 체계적으로 배치되어 있기에 빠르고 쉽게 찾을 수 있는 것처럼 기억 역시 구조화를 잘 해둬야 필요할 때 쉽게 꺼내 쓸 수 있다. 예를 들어 다음 과학 자습서의 내용을 살펴보자.

> A. 군집의 구성과 특징
>
> 1. 군집의 구성: 군집을 구성하는 생물은 역할에 따라 생산자, 소비자, 분해자로 구분된다.
>
> (1) 먹이사슬과 먹이 그룹: 군집 내 개체들은 서로 먹고 먹히는 먹이사슬을 형성하며, 여러 개의 먹이사슬이 복잡하게 얽힌 것을 먹이그물이라고 한다.
>
> (2) 생태적 지위: 생태계에서 개체군이 담당하는 구조적, 기능적 역할이다.
>
> ① 먹이 지위: 개체군이 먹이사슬에서 차지하는 위치
>
> ② 공간 지위: 개체군이 차지하는 서식 공간

이렇게 각 내용의 위계를 염두에 두고 학습하는 것이 중요하다. 책을 펼치면 가장 먼저 'A. 군집의 구성과 특성'에 눈길이 가야 한다. 그리고 이번 단원에서 각각 '구성'과 '특징'을 익혀야 함을 염두에 두고 아래 내용으로 넘어간다.

다음으로 1번을 보면 군집의 구성이 먼저 나오고 역할에 따

라 '생산자, 소비자, 분해자'로 구분된다고 설명되어 있다. 이 부분을 확인 후 위계가 같은 (1)번과 (2)번을 동시에 확인해준다. 먹이사슬과 먹이그물 그리고 생태적 지위라는 키워드를 확인한다. 이후 (1)에서 먹이사슬과 먹이그물이 각각 무엇을 뜻하는지 정의를 확인하고 앞서 배운 인출 방법으로 암기를 점검한다. 다음으로 (2) 생태적 지위로 넘어와서 지위가 먹이 지위와 공간 지위로 나눠짐을 확인한다. 먹이 지위와 공간 지위 역시 같은 층위에 속하는 개념이므로 함께 묶어서 기억해줘야 한다.

위와 같이 공부를 할 때 개념 간의 위계를 잘 정리하면 구조적으로 내용을 파악할 수 있다. 참고로 교과서의 경우 자습서와 달리 내용이 '줄글 형태로' 서술이 되어 있는 경우가 많은데, 이때는 본인 스스로 자습서와 같은 형태로 개념을 구조화시켜 이해해야 한다. 내용을 그냥 읽지만 말고 마치 자습서의 형태처럼 머릿속에서 개념 간의 위계와 체계를 파악할 수 있도록 하자. 원활한 구조화를 위해 전체 내용을 요약해 보거나 중요한 내용은 따로 노트에 정리해보아도 되며, 이때 표나 기호 등을 활용하는 것이 좋다. 필기구 역시 다양하게 활용하여 대단원, 중단원, 소단원 제목, 그리고 세부 내용에 따라 다른 색상을 활용한다면 구조화에 큰 도움이 된다.

오감 활용

혹시 4D 영화를 관람한 적 있는가? 4D 영화는 일반 영화와 달리 시각, 청각과 더불어 촉각까지 자극하기 때문에 관객이 영화에 더욱 몰입하게 만들고 영화를 생생하게 즐길 수 있게 돕는다. 그리고 이렇게 온몸으로 체험한 영화는 오래도록 기억에 남을 수밖에 없다.

마찬가지로 책을 그냥 읽기보다 머릿속으로 책 내용을 상상(이미지화)하고, 소리 내서 읽고, 손으로 써보고, 동작을 적극적으로 활용한다면, 뇌는 같은 학습 내용에 대해 여러 자극을 받게 되어 결과적으로 암기를 훨씬 수월하게 할 수 있다.[65, 66]

필자 역시도 학창 시절에 오감을 활용한 공부를 많이 하였다. 예를 들어 그래프의 대칭, 절댓값 등 다양한 형태를 익힐 때 팔을 사용한 동작을 적극적으로 활용했다. 또한 국어 문법 중 전설 모음과 후설 모음, 고/중/저모음을 배울 때는 직접 모음들을 발음하며 혀의 위치를 고려해 암기하기도 했다. 그밖에도 영어 지문을 소리 내서 읽거나 사회, 과학 개념에 대해서는 머릿속으로 이미지화를 진행하는 등 최대한 오감을 총동원하여 암기하려 노력했다.

스토리텔링

짧은 시간 안에 특정한 내용을 외워야 하는 경우 보통 앞글자를 따서 외우는 경우가 많다. 하지만 장기기억을 형성하기 위해서는 '스토리텔링'이 가미된 암기를 하는 것이 좋다.[67]

예를 들어 사역동사(have, let, make)를 외울 때 세 단어의 앞글자를 가지고 와 '나보고 이거 하래매(ha, le, ma)'와 같은 식으로 외우거나, compensation(보상)이라는 영어 단어는 '컴퓨터 사인펜(compen)을 보상으로 줬다', enormous(거대한, 엄청난)는 '이놈 무슨(enormous) 엄청 거대하구나!'와 같은 식으로 외우면 훨씬 오랫동안 기억할 수 있다. 주기율표의 경우에도 첫 글자만 따서 '수헬리베붕탄질산….'처럼 외울 수도 있지만, 여기에 스토리를 가미한다면 다음과 같이 외울 수 있다.

흐흠(H, He), 리베(Li,Be), 비키니(B, C, N), 오프너(O,F, Ne), 나만알아(Na, Mg, Al, Si), 펩시콜라(P, S, Cl, Ar)

이처럼 말이 되든 안 되든 암기해야 할 내용에 일정한 의미를 부여하여 암기하면 더 오래, 정확하게 기억할 수 있다.

공부 후 휴식하기

마지막으로 암기에 있어 중요한 학습 전략은 바로 휴식이다. 갑자기 웬 휴식 타령일까? 휴식은 생각보다 뇌의 기억 저장 메커니즘과 큰 연관이 있다.

우리 뇌의 기억저장소는 크게 '단기기억 저장소(해마)'와 '장기기억 저장소(신피질)'로 나누어지는데, 우리가 공부한 내용은 즉시 단기기억 저장소에 저장된다. 하지만 단기기억 저장소의 용량은 매우 제한적이기에 학습한 내용은 꼭 장기기억 저장소로 옮겨져야 한다. 만약 단기기억의 용량이 꽉 찬 상태에서 공부를 더 지속하게 되면 집중도 잘 안 될뿐더러 학습 효과도 미미하다. 심지어 기존에 저장된 지식이 밀려 나가 삭제되어 버릴 수도 있다.

그러나 '장기기억'으로의 이동은 우리가 집중하는 동안은 원활하게 일어나지 않는다. 대신 우리가 휴식을 취하고 잠을 자는 동안 활성화된다. 우리가 밤에 잠을 잔 후 다음날 개운한 정신으로 다시 학습할 수 있는 이유도 자는 동안 그날 공부한 내용이 장기기억 저장소로 옮겨지고, 옮겨진 내용은 단기기억 저장소에서 삭제되기 때문이다. 따라서 학습의 효율성 측면에서 적절한 수면 시간을 확보하는 것은 매우 중요하다.

일상생활 중에도 많은 양을 암기한 직후나 공부 집중력이 떨어질 때 잠시 쪽잠을 자는 것이 큰 도움이 된다. 실제로 구글,

나이키와 같은 유수의 대기업에서는 직원의 생산성을 위해 낮잠을 적극적으로 장려한다. 낮잠은 피로 회복뿐만 아니라 인지 기능 향상, 집중력 향상에 큰 도움이 되기 때문이다.

만약 잠이 드는 것이 쉽지 않게 느껴진다면 눈을 감고 있거나 잠시 멍을 때리는 것도 괜찮다. 눈을 감고 있으면 시각적 자극이 들어오지 않기에 뇌가 더욱 수월하게 완화 상태로 전환될 수 있다. 이 상태에서 방금 학습한 내용을 떠올려 봐도 되고 그냥 이완된 상태로 있는 것도 좋다.

단, 휴식 시에는 '유튜브 보기, 게임 하기, TV 시청'과 같은 활동은 해서는 안 된다. 이런 활동들은 우리에게 즐거움을 줄 순 있지만 '두뇌'에 자극을 주기 때문에 뇌를 더 피로하게 만든다. 게다가 단기기억의 용량은 매우 제한적이기에 쉬는 시간에 새로운 정보가 흡수되게 되면 기껏 공부한 내용이 장기기억화 되지 못하고 삭제돼 버릴 수도 있다.[68] 너무 억울하지 않겠는가? 그러므로 휴식 시간에는 위와 같은 활동을 최대한 자제하자. 그냥 잠시 머리를 비우고 산책이나 스트레칭을 하며 몸과 정신을 이완하길 바란다.

또한, 우리가 쉬고 있다고 해서 뇌도 활동을 멈추는 것은 아니므로 너무 불안해할 필요도 없다. 우리가 쪽잠을 자거나 휴식하는 동안에도 뇌는 계속해서 활발한 정신 활동을 지속한다. 실제로 미국의 뇌과학자 마커스 라이클 박사의 2001년 논문에 따르면, 사람이 아무런 인지 활동을 하지 않을 때도 활성화되는 뇌의 특정 부위가 있다. 이는 '디폴트 모드 네트워크(default mode network: DMN)'라고 불리는데, 그 부위는 생각에 집중하면 오히려 활동이 줄어들기까지 한다.[69] 이처럼 눈을 감고 있는 동안에도 뇌는 활발하게 활동을 하며 단기기억 저장소에 있는 내용을 장기기억 저장소에 옮긴다. 따라서 최선을 다해 공부하되 틈틈이 적당한 휴식을 취하며 공부의 효율을 높일 수 있길 바란다.

6장

교과별 공부법 핵심 노하우

01

전교 1등의 국어 공부법

지금부터는 본격적으로 교과별 공부법을 알아보자. 먼저 국어 과목의 경우 크게 문학, 비문학, 화법과 작문, 문법 파트로 나누어지며 수능 대비에 있어 다른 과목에 비해 알아야 할 개념의 비중이 매우 낮다. 문법 지식, 일부 고전 시가 작품 및 문학 개념어 정도만 미리 익혀두면 되고, 나머지는 생전 처음 보는 지문을 그 자리에서 객관적으로 독해해낼 수 있으면 된다. 따라서 수능 국어를 공부할 때는 평가원에서 요구하는 기준에 맞춰 지문과 작품을 객관적으로 분석해낼 수 있는 역량을 기르는 데 집중해야 한다.

참고로 2022년 수능부터 국어 과목이 선택과목제로 바뀌며 기존에 화작문(화법과 작문, 문법)으로 불리던 파트가 화법과 작문/언어와 매체(문법) 중 한 가지를 선택하는 방식으로 변경되었다. 문학과 비문학은 여전히 모든 수험생이 공부해야 하는 파트이다.

운문 문학 공부 방법

먼저 문학 공부법부터 살펴보자. 문학은 크게 '운문 문학, 산문 문학, 수필 문학' 3가지로 구분된다. 운문 문학은 지문을 통하여 다음 6가지 항목을 파악하는 것이 관건이다.

1. 시적 화자	2. 대상	3. 상황
4. 정서와 태도	5. 표현기법	6. 주제

문학은 비문학과 달리하고 시인이 하고픈 싶은 말을 간접적으로 전달한다. '내가 힘들 때'라고 말하는 대신 '나의 지식이 독한 회의를 구하지 못하고, 내 또한 삶의 애증을 다 짐 지지 못하여 병든 나무처럼 생명이 부대낄 때'와 같은 식으로 비유적으로 표현한다. 따라서 우리는 철저한 지문 분석을 통해 시인이 하고자 하는 말을 눈치챌 수 있어야 한다. 김영랑 시인의 〈모란이 피기까지를〉을 위 6가지 항목에 맞춰 분석해보자.

모란이 피기까지는

나는 아직 나의 봄을 기다리고 있을 테요

모란이 뚝뚝 떨어져버린 날

나는 비로소 봄을 여읜 설움에 잠길 테요

오월 어느 날, 그 하루 무덥던 날

떨어져 누운 꽃잎마저 시들어 버리고는

천지에 모란은 자취도 없어지고

뻗쳐 오르던 내 보람 서운케 무너졌느니

모란이 지고 말면 그뿐, 내 한 해는 다 가고 말아

삼백 예순 날 하냥 섭섭해 우옵내다

모란이 피기까지는

나는 아직 기다리고 있을 테요, 찬란한 슬픔의 봄을

-김영랑, 〈모란이 피기까지는〉

1. 시적 화자	시적 화자란 시에서 말을 하는 사람을 뜻한다. 위 시에서 화자는 시인 자신이다. 참고로 시인이 아닌 특정 인물이 시적 화자로 등장할 수도 있다.
2. 대상	대상이란 시에서 두드러지게 나타나는 사물이나 사람, 동물을 의미한다. 이 시에서는 '모란'이 대상이다.
3. 상황	상황은 작품 속에서 발생한 사건이나 일을 의미한다. 위 시의 상황은 '봄에 모란꽃이 피기를 기다리고 있는 것'이라 할 수 있다.

4. 정서 및 태도	정서 및 태도란 시에서 느껴지는 분위기이자 화자나 등장인물이 상황이나 대상에게 보이는 반응이라고 할 수 있다. 이 작품에서는 '봄을 기다린다'라는 언급이 있는 것으로 보아 '기다림'의 태도가 드러나고 있고, '설움에 잠길 테요', '내 보람 서운케 무너졌느니', '섭섭해 우옵내다'와 같은 구절을 통해 서러움과 상실감의 정서를 느낄 수 있다.
5. 표현 기법	표현기법은 주로 시인이 주제를 강조하기 위해 의도적으로 사용하는 경우가 많다. 표현 기법은 수능 문제의 선지로도 자주 활용되므로 평소 다양한 표현 기법과 그 쓰임을 공부해두어야 한다. 이 시에서는 수미상관(처음 2행, 끝 2행), 어순 도치와 역설(나는 아직 기다리고 있을테요, 찬란한 슬픔의 봄을), 과장(삼백 예순 날, 내 한 해는 다 가고 말아), 의태어 사용(뚝뚝), 부드러운 어조(여성적 어조), 순환적 구조(봄을 기다림 → 봄의 상실 → 봄을 기다림) 등의 표현 기법이 사용되었다.
6. 주제	주제는 간단하게 말하면 시를 통해 시인이 전달하고 싶은 내용이다. 앞서 분석한 시적 화자, 대상, 상황, 정서 및 태도, 표현 기법을 기반으로 시의 주제를 추론하면 된다. 분석한 내용으로 미루어보아 이 시의 주제는 '소망이 이루어질 것이라는 기대와 기다림'이다. 구체적으로 1~2행에서는 모란이 피기를 기다리다가 3~10행에서는 모란이 시든 후 슬픔과 상실감을 느끼지만, 다시 11~12행에서 모란이 피기를 기대하고 있다.

이처럼 운문 문학을 공부할 때는 위 6가지 항목을 토대로 분석을 진행해야 하며, 분석을 마친 후에는 해설지를 통해 자신이 제대로 분석한 게 맞는지 반드시 확인해야 한다. 만약 평소 문학을 공부할 때 지문은 대충 읽고 문제풀이에만 집중해 왔다면 지금부터는 꼭 지문 분석에 시간을 더 투자하기 바란다. 어차피 수능 날에는 내가 생전 처음 보는 작품이 등장할 것이기 때문에 제대로 된 작품 분석 능력을 갖춰야 그날의 컨디션과 관계없이 고득점을 할 수 있다.

지문 분석이 익숙해졌다면 이후에는 기출문제들도 함께 풀어나가야 한다. 이때도 답만 확인하고 넘어가는 것이 아니라 선지 하나하나를 꼼꼼히 분석하며 공부를 진행해야 한다. 아래 문제를 함께 살펴보자.

> 1. (가), (나)의 공통점으로 가장 적절한 것은?
> ① 수미상관의 방법을 통해 정서의 변화를 강조하고 있다.
> ② 영탄적 표현을 통해 대상에 대한 경외감을 표출하고 있다.
> ③ 비유적 표현을 활용하여 공간에 대한 인식을 드러내고 있다.
> ④ 어둠과 밝음의 대조를 통해 긍정적 미래의 도래를 암시하고 있다.
> ⑤ 화자를 작품의 표면에 나타내어 주제에 대한 공감을 이끌어 내고 있다.

해당 문제를 풀어내기 위해서는 '수미상관, 영탄적 표현, 비유적 표현' 등 표현 기법에 대한 이해가 선행되어야 한다. 물론 자주 출제되는 표현 기법에 대한 이해도는 기출문제를 분석하는 과정에서 자연스럽게 길러진다. 시간이 지나면 낯설었던 문학 용어들에 자연스레 익숙해지고, 일단 한 번 경험치가 누적되고 나면 문학에서 등장하는 선지의 표현은 거기서 거기이니 걱정할 필요 없다. 하지만 이런 경지에 이르기 위해서는 공부 초기에 꼭 해설지를 적극적으로 활용해 선지를 분석해야 함을 명심하자.

다음으로 문제를 통해서 시험에서 해당 선택지가 정답이 되는

'근거와 논리'를 완전히 이해해야 한다. 각 선택지와 지문을 연결하여 왜 이것이 정답이 되고, 왜 저것은 오답인지 '아무런 의문이 들지 않을 정도로' 모두 세세하게 분석해야 한다. 이 과정에서 평가원식 사고와 논리를 체화할 수 있으며, 이것이 습관이 되었을 때 처음 보는 작품을 만나도 확신을 가지고 정답의 근거를 찾아낼 수 있다.

산문 문학 공부 방법

다음으로 산문 문학의 공부법을 알아보자. 산문 문학에는 소설과 희곡, 대본이 포함되며 아래 5가지 요소를 파악하면 된다.

1. 인물
2. 사건
3. 배경
4. 표현 기법
5. 주제

참고로 산문 문학은 작품 분량이 매우 길기에 전 범위가 아닌 일부가 발췌되어 출제된다. 그 때문에 시험 상황에서는 제시된 지문만을 기준으로 지문을 분석할 수 있도록 유의해야 한다. 작품에 대한 자신의 배경지식을 바탕으로 주관이 섞인 독해를 해버리면 지문 해석의 방향이 어긋날 수 있으므로 주의하도록 하자.

산문 문학의 각 요소는 다음과 같다.

1. 인물	인물은 작품에 등장하는 인물들을 모두 뜻하며 그들이 어떻게 묘사되어 있는지, 인물 간의 관계는 어떤지 꼼꼼하게 파악하며 지문을 독해해야 한다. 참고로 처음에 인물들의 이름이 등장하면 따로 동그라미나 세모 표시를 쳐두는 것이 좋다. 특히 고전 문학의 경우 인물들 간의 이름이 유사한 때도 있기에 서로 헷갈리지 않도록 주의하자.
2. 사건	사건은 지문에 등장하는 사건이나 갈등 그리고 그것의 의미를 뜻한다.
3. 배경	배경은 인물과 사건을 둘러싼 시대나 장소 배경 그리고 이에 내포된 의미를 뜻한다.
4. 표현기법	표현 기법은 서술자의 개입, 1인칭 시점, 액자식 구성과 같은 산문 문학의 기본 개념들을 의미한다. 평소 기출문제 선지 분석을 꾸준히 해둔다면 표현기법은 어렵지 않게 파악할 수 있다.
5. 주제	운문 문학과 마찬가지로 위 4가지 요소를 기반으로 작품에서 글쓴이가 말하고자 하는 바를 찾아내면 된다.

수필 문학 공부 방법

마지막으로 수필 문학을 살펴보자. 수필 문학은 자연과 일상 등을 소재로 글쓴이가 자신의 느낌과 생각을 자유롭게 표현한 글이다. 우리가 수필을 읽으며 분석해야 할 사항은 다음과 같다.

1. 소재

2. 소재의 특성과 소재에 대한 평가

3. 표현 기법

4. 주제

소재란 글쓴이가 경험한 일이나 특정 사물을 뜻하며 글쓴이는 이를 중심으로 자기 생각과 가치관을 드러낸다. 또한, 수필에는 소재의 특성과 이에 대한 평가까지 드러나기 마련이다. 해당 항목들을 중심으로 표현 기법까지 고려하여 작품을 분석해나가면 자연스럽게 글 '주제'를 파악할 수 있다.

문학 문제풀이 노하우

수능 문학에 있어 한 가지 문제풀이 기법을 알려주자면, 〈보기〉에 작품이나 작가에 대한 설명이 제시될 경우, 이를 참고해서 작품을 해석하는 것이 좋다. 보기의 예시는 다음과 같다.

〈보기〉 1970년대 한국 소설에는 산업화 과정에서 공동체적 유대감이 파괴되고 개인주의가 팽배하면서 그 사이에서 고민하게 되는 소시민이 나타난다. 물질적 가치를 중시하는 세태가 심화되고 계층 분화가 일어나면서 주변부로 밀려난 도시 빈민과 같은 소외 계층이 등장하는데, 이들도 소설의 주요한 제재로 반영되고 있다.

이런 보기는 작품이 쓰인 시대적 배경이나 단어의 상징적 의미, 글쓴이에 대한 정보를 제공하는 경우가 많으므로 지문을 읽기 전 먼저 살펴봄으로써 작품 해석의 기준점을 마련할 수 있다.

비문학 공부 방법

다음으로 비문학 공부법을 알아보자. 비문학은 문학과 달리 정보를 있는 그대로 직접 전달하지만, 지문 주제가 생소하고 난도가 높은 편에 속하기 때문에 많은 학생이 어렵다고 느낀다.

실제로 최근 몇 년간 수능 국어의 비문학 난도가 높게 유지되고 있고, 지문 길이도 길어지고 있어 제한 시간 안에 처리해야 하는 정보량이 늘어나고 있다. 이런 상황에서 비문학을 잘 풀어내기 위해서는 다음과 같은 3가지 전략을 취해볼 수 있다.

1. 다른 파트에서 시간 아끼기

첫 번째 방법은 화작문, 문학 파트에서 최대한 시간을 절약해 비문학 문제를 풀 시간을 많이 확보하는 것이다. 최고난도 문제는 대부분 비문학에서 출제되고 있으므로 다른 파트를 더 철저히 훈련하여 풀이 시간을 줄이고, 남은 시간은 비문학 지문에 투자하는 전략을 취할 수 있다.

2. 근본적 독해 실력 기르기

독해 속도가 빠른 학생과 느린 학생 사이에는 어떤 차이가 있을까? 글 읽는 속도가 매우 느린 학생의 특징은 글자를 한 글자씩 읽는다는 것이다. 예를 들어 '인간의 신경 조직을 수학적으로 모델링하여 컴퓨터가 인간처럼 기억, 학습, 판단할 수 있도록 구현한 것이 인공 신경망 기술이다'라는 문장이 있으면 독해력이 좋지 않은 학생은 다음과 글을 읽는다.

인/간/의/ 신/경 /조/직/을/ 수/학/적/으/로 모/델/링/하/여/…

즉, 한 번에 인식하는 문장의 의미 단위가 매우 작다. 반면 독해력이 좋은 학생은 큰 단위로 문장을 인식한다.

인간의 신경 조직을 수학적으로 모델링하여/컴퓨터가 인간처럼
기억, 학습, 판단할 수 있도록 구현한 것이/인공 신경망 기술이다

근본적인 독해력을 기르기 위해서는 평소 꾸준히 독서를 하며 글을 읽는 행위 자체에 익숙해져야 한다. 참고로 책을 고를 때

는 소설이나 만화보다 어느 정도 수준이 있는 비문학 도서를 고르는 것이 좋다. 주제는 사회, 경제, 과학, 기술 등 비문학 지문의 소재로 자주 등장하는 분야라면 무엇이든 관계없다.

평소 책을 통해 긴 호흡의 글을 읽어내고 많은 정보량을 흡수하는 연습이 되어있다면 상대적으로 길이가 짧은 비문학 지문이 훨씬 쉽게 느껴질 수 있다. 만약 자신이 시사 이슈에 관심이 많은 편이라면 신문 사설과 기사, 관심 있는 분야의 논문 등을 찾아보는 것도 좋다.

독서와 더불어 비문학 기출 지문을 꾸준히 분석하는 훈련도 필수적인데, 지문을 읽은 후 스스로 단락별 주제 및 전체 주제를 정리해보면 독해 정확도를 올리는 데 큰 도움이 된다. 만약 내가 파악한 글의 주제와 해설지의 분석 내용이 너무 다르다면 지문을 잘못 독해했을 가능성이 크므로 다시 한번 꼼꼼히 복습해야 한다.

3. 지문에 정보 표시를 잘 하고, 기출문제 분석을 통해 문제 출제 원리 익히기

최근에는 비문학 지문의 길이가 길어지고 지문 당 정보량도 많아지고 있기에, 독해 과정에서 중요한 정보들에 적절한 표시를 남김으로써 문제풀이 시 필요한 정보에 빠르게 접근할 수 있게 조처를 해두는 것이 중요하다. 흔히 알려진 방법인 주요 개념 및 정의에 밑줄/네모 표시하기, 상반되는 개념이나 인과관계에 화살표 표시하기, '하지만', '그러나'에 세모 표시하기 등을 활용해도 되며 자신에게 맞는 방식으로 얼마든지 응용할 수 있다.

화법과 작문, 문법 공부 방법

화법과 작문 파트의 경우 기존의 기출문제를 풀어보며 유형 및 출제 경향을 익히고, 자신이 주로 실수하는 포인트를 파악하여 이를 개선해나가는 식으로 공부하면 된다. 무엇보다 화법과 작문은 다른 파트에 비해 비교적 쉬운 난이도로 출제되므로 빠르고 정확하게 푸는 연습을 하는 것이 중요하다.

문법은 인터넷 강의나 방과후 학교 수업 등을 적극적으로 활용하여 한 번은 전체적으로 내용 정리를 해두어야 한다. 문제집과 자습서를 이용해 혼자 공부를 해도 상관없지만, 양질의 수업을 활용한다면 주요 출제 포인트 위주로 빠르고 효과적으로 공부를 진행할 수 있다.

국어 내신 공부법

내신 시험은 선생님이 수업 시간에 필기해주신 내용을 꼼꼼히 외우는 데 집중하면 된다. 문학의 경우 시중 문제집을 활용해 해당 작품에 관한 문제를 다양하게 풀어보는 것도 큰 도움이 된다. 단, 한 시험 범위에 여러 작품과 지문이 포함될 경우 각각의 내용이 섞이지 않도록 철저히 구분해서 외워야 하며, 작품 간의 공통점과 차이점을 함께 고려하며 공부한다면 통합형 문제가 출제되었을 때 수월하게 풀이할 수 있다.

02

전교 1등의 수학 공부법

수학은 개념이 중요한 과목일까, 문제가 중요한 과목일까? 많은 학생이 수학은 소위 '양치기(양으로 승부한다는 뜻)'로 해결하는 과목이라고 생각하는 경향이 있다. 물론 많은 문제를 풀어볼수록 문제풀이 속도가 향상되고 시험에서 고득점을 할 확률이 높아지는 것은 사실이다. 하지만 사전에 개념이 탄탄히 잡혀야만 어떤 응용문제가 나와도 막힘없이 문제를 풀 수 있다. 그렇다면 수학에서 '개념을 제대로 이해한다'는 것은 어떤 의미일까? 지금부터 이에 관해 상세히 알아보자.

'개념을 이해한다'라는 말의 의미

개념을 이해한다는 것은 먼저 수학 교과서와 기본서에서 나오는 **'정의'**를 완전히 이해한다는 것을 뜻한다. 정의는 '~라 하기로 한다' 같은 표현들이라고 할 수 있다. 가령 '원은 한 점에서 거리가 같은 점들의 집합이라 하기로 한다'와 같은 문장이 정의에 해당한다.

두 번째로 개념을 완전히 이해한다는 것은 **'수학적 표현논리'**를 이해한다는 것을 의미한다. 수학적 표현이란 특정 개념의 '개념식'이나 '도식', '그래프' 등을 뜻하는데, 해당 내용이 왜 그렇게 표현될 수밖에 없는지 이해하는 것이 중요하다.

예를 들어 이차방정식 단원의 경우 다음과 같은 문장이 **정의**에 해당한다.

- 등식의 모든 항을 좌변으로 이항하여 정리한 식이 (x에 대한 이차식) = 0 꼴로 나타나는 방정식을 x에 대한 이차방정식이라고 한다.
- 이차방정식 ax2+bx+c=0을 참이 되게 하는 미지수 x의 값을 이차방정식의 해 또는 근이라고 한다.

그렇다면 이차방정식을 정의한 목적은 무엇일까? 정의 파트에서는 해당 개념이 사용되는 '목적' 역시 짚고 넘어가야 한다. 보통은 교재에서 줄글 형식으로 설명이 되어있다. 방정식 자체가 '해 x를 구하기 위해 생겨난 개념'이므로 '이차방정식은 2차식의 해 x를 구하기 위해 생겨난 개념'이라고 그 목적을 파악할 수 있다. 그 외에도 함수는 'x가 변하면 y는 어떻게 변하는지 나타내기 위함'이 목적이고, 수열은 '규칙을 통해 수의 나열을 더 간결하게 표현하고자 함'이 목적이라고 할 수 있다.

다음으로 이차방정식의 **개념식**(수학적 표현 논리)을 살펴보면 다음과 같다.

$$ax^2+bx+c=0\ (a\neq 0)$$

이때 우리는 왜 개념 식이 $ax^2+bx+c=0\ (a\neq 0)$의 형태로 표현되는지 그 논리를 이해하고 넘어가야 한다. 이차방정식의 경우 반드시 최고차항의 차수가 2여야 하므로 a가 0이 되어서는 안 된다. 또 방정식의 목적은 해 x 값을 구하는 것이기에 우변이 0으로 고정되어야 한다. 이처럼 개념 식이나 그래프는 그 형태와 표현 방식을 자세히 이해하면 된다.

많은 학생들이 정의와 수학적 표현 논리를 간과하고 곧바로 공식으로 넘어가는 경향이 있는데, 내신 문제처럼 식이 직접 주어지는 시험에서는 개념을 제대로 몰라도 큰 문제가 되지 않을 수 있다. 하지만 수능 시험에서는 문제의 조건을 기반으로 우리가 직접 식을 작성해야 하는 경우가 대부분이기에 기본 개념이 탄탄하게 잡히지 않는다면 어느 단원의 어느 개념 식을 사용해야 하는지 파악조차 할 수 없게 된다. 따라서 정의 및 목적, 수학적 표현 논리를 제대로 이해한 후 공식으로 넘어가야 한다.

공식에서 알아두어야 할 2가지

공식은 매번 반복되거나 지나치게 복잡한 계산 과정을 간편하게 해주기 위한 도구와 같은 것으로 큰 맥락에서 '성질, 법칙, 정리'도 공식에 해당한다고 할 수 있다. 공식을 공부할 때는 2가지를 파악하면 되는데, 하나는 **'공식의 사용용도'**이고, 나머지 하나는 **'공식의 유도과정 핵심논리'**이다.

예를 들어 근의 공식의 경우, 사용 용도는 '인수분해로 풀리지 않는 이차방정식의 해를 구하기 위함'이다. 근의 공식 유도과정 핵심논리는 '완전제곱식'의 풀이인데, 이차방정식 기본형 $ax^2+bx+c=0$을 완전제곱식으로 만든 양변에 다음 루트를 씌우고, 좌변에 x만 남기고 나머지를 우변으로 넘긴 형태가 근의 공식인 것이다. 이처럼 유도과정을 간략하게라도 이해하고 있으면 아무 생각 없이 공식만 외웠을 때보다 오래 기억할 수 있으며, 혹시 공식을 까먹었더라도 다시 빠르게 유도를 해서 풀이를 진행할 수 있다. 모든 교재에서 공식과 함께 유도과정도 제시하므로 꼭 읽고 이해한 후 넘어가도록 하자.

문제풀이 방법 3단계

다음으로는 수학 문제풀이 방법을 알아보자. 문제풀이 과정은 크게 3단계로 구분할 수 있다. 예를 들어 아래의 문제를 푼다고 가정해보자.

〈문제〉

그림과 같이 일차함수 $y=-2x+8$의 그래프 위의 한 점 P(a, b)에서 축에 내린 수선의 발을 Q라고 하자. 사각형 AOQP의 넓이가 15일 때, 양수 a, b에 대하여 a+b의 값을 구하시오. (단, O는 원점)

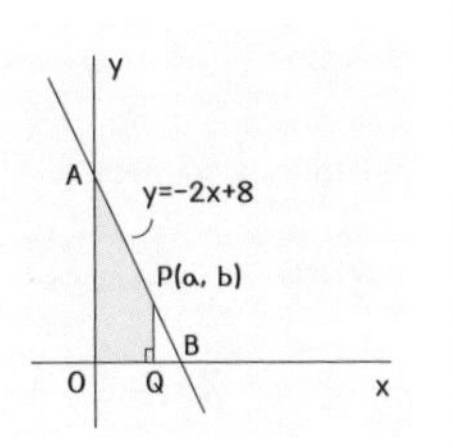

문제풀이 1단계 : 풀이에 필요한 개념과 개념 식을 떠올려 보자.

위 문제의 경우 사다리꼴 형태의 사각형의 넓이가 15일 때 a, b값을 구해서 더하라고 제시되어 있다. 조건을 통해 미지의 값을 구하라는 점에서 방정식이 사용될 것임을 알 수 있다. 이 단계에서 방정식의 기본 개념 식을 함께 떠올리면 된다.

또 방정식을 만드는 데 사용될 사다리꼴 넓이의 개념 식인 (밑변 + 윗변) × (높이) × ($\frac{1}{2}$)도 함께 떠올려주자.

문제풀이 2단계 : 개념 식에 맞게 문제 조건을 변형한다

선분 PQ의 길이는 b, 높이에 해당하는 선분 OQ의 길이는 a임을 알 수 있고, 선분 AO의 길이는 함수의 y 절편에 해당하는 8임을 알 수 있다. 따라서 다음과 사다리꼴 넓이 개념 식을 활용하면 같은 식이 만들어진다.

$$(b+8)\times a\times \frac{1}{2}=15$$

이때 식 하나에 미지수가 2개면 답을 구할 수 없으므로 방정식 형태로 풀이하기 위해서 b와 a의 관계를 이용한다.($b=-2a+8$)

$$(-2a+8+8)\times a\times \frac{1}{2}=15$$

이차방정식의 개념식 $ax^2+bx+c=0$의 형태로 만들기 위해 우변을 0으로 두고 식을 변형하면 다음과 같은 식이 완성된다.

$$-a^2+8a-15=0$$

문제풀이 3단계 : 식 풀이 및 다양한 식의 조합

이제 해당 식을 풀기만 하면 되는데, 위 식은 인수분해로 풀리는 이차방정식이므로

$$(a-5)(a-3)=0$$
$$a=5 \text{ 또는 } 3$$

임을 알 수 있다. 이때 일차함수의 x 절편인 점 *B*가 4라는 점을 고려하여 *Q*는 4보다 작은 3임을 알 수 있다. 또 이 문제의 경우 a+b 값을 구하는 게 최종 목표이므로

$$a=3$$
$$b=-2a+8=2$$

이므로 최종 답이 5라고 할 수 있다.

참고로 수학의 경우 요구하는 결과가 문제마다 다르기 때문에 최종적으로 묻는 값을 잘 확인해야 한다. 또한 고난도 문제일수록 2개 이상의 개념 식과 공식들을 활용해야 하는 경우가 많은데, 이 경우 3단계에서 문제풀이의 순서를 잘 고려하여 답을 도출하면 된다.

03

전교 1등의 영어 공부법

영어는 명확한 해석이 관건이다!

영어는 일부 고난도 문항을 제외하면 문제 자체의 난도는 높지 않기 때문에 지문을 제대로 해석하는 것이 관건이다. 따라서 평소 영어 공부를 할 때는 문제풀이 스킬에 집중하기보다 탄탄한 독해 실력을 쌓는 것을 우선순위로 두자. 스킬은 고3 이후에 빠르게 습득하면 된다. 그전까지는 근본적인 영어 실력을 길러야 한다.

영어 독해의 기본은 단어와 문법이다. 이때 문법은 명사, 형용사, 동사 같은 품사가 아닌 '주어, 서술어, 목적어, 보어, 수식어구' 같은 문장 성분을 아는 것이 더 중요하다. 수능에서는 세부적인 문법이 아니라 문장 구조를 파악하고 문장을 정확하게 해석할 수 있는지를 더 중점적으로 평가하기 때문이다. 저학년 때야 단어를 대충 끼워 맞춰서 주먹구구식으로 해석해도 답이 보이는 경우가 많지만, 학년이 올라가고 지문의 난이도가 올라갈수록 문장을 대충 해석해서는 지문 내용을 파악하기 쉽지 않다. 예를 들어 다음 문장을 함께 살펴보자.

> The variety of ways in which students in music class can now interact with sound offers greater opportunities to individualize instruction.

해당 문장은 2021 수능특강에서 발췌해 온 문장인데 주어가 매우 길어서 문장 구조를 파악하기 어려운 문장이다. 문법의 기초가 약한 친구라면 interact와 offers 중 무엇이 문장의 서술어인지 찾기 어려워할 수도 있다. 이 문장을 다음과 같이 구조적으로 해석할 수 있어야 한다.

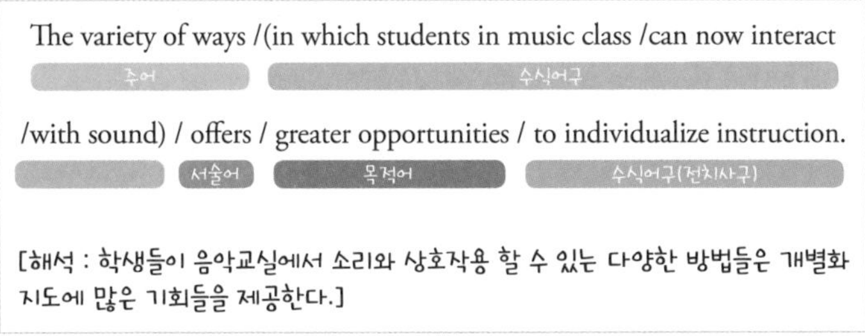
The variety of ways /(in which students in music class /can now interact
주어
수식어구
/with sound) / offers / greater opportunities / to individualize instruction.
서술어
목적어
수식어구(전치사구)
[해석 : 학생들이 음악교실에서 소리와 상호작용 할 수 있는 다양한 방법들은 개별화 지도에 많은 기회들을 제공한다.]

혹시 위와 같은 형태로 주어, 서술어, 목적어, 수식어구를 파악하지 못한 친구들은 아직 문법 개념이 완전히 잡히지 않은 것이기 때문에 독해에 필요한 문법을 전체적으로 정리해주는 특강을 듣거나 교재를 통해 정리해보는 방법을 추천한다.

문법만큼 중요한 것이 단어인데, 아무리 문법을 잘 알아도 지문마다 모르는 단어가 5개~10개씩 있으면 해석이 제대로 될 수가 없기 때문이다. 만약 본인이 단어 기초가 너무 부족하다면 수능 필수 영단어장을 아무거나 사서 일단 무조건 외우기 바란다. 문제집에서도 지문의 단어를 따로 정리하여 제시하거나 아예 단어장을 별도로 제공하기도 하므로 이런 자료들을 적극적으로 활용할 수 있도록 하자.

어느 정도 단어 실력이 갖춰진 학생들은 단어장을 따로 외우기보다 많은 지문을 공부하며 그때그때 모르는 단어가 나올 때마다 외우는 것이 좋다. 또한, 기존에 알고 있던 단어더라도 새로운 뜻을 알게 된다면 함께 기억해 두어야 한다. 예를 들어 capital의 경우 수도 외에도 자본이라는 뜻이 있으며, interest의 경우 흥미 외에도 이해(이득과 손해)라는 뜻이 있다. 이런 여러 가지 뜻들도 알고 있어야 지문의 맥락에 맞춰 제대로 해석할 수 있다.

독해 훈련을 할 때는 정확한 단어의 뜻과 문법에 기반하여 한 문장 한 문장 제대로 해석해 나가야 한다. 해석이 조금이라도 막히는 문장은 해설지를 꼭 확인하자. 만약 해석은 잘 되었지만 문제를 틀린 경우 정답의 논리를 꼼꼼히 분석하자.

수능 영어 역시 과거에 비해 지문의 난이도와 추상성이 올라가는 경향을 보이므로 평소 탄탄한 배경지식과 독해 실력을 갖출 수 있도록 노력해야 한다. 무엇보다 영어 문장을 읽으며 단순 해석을 넘어서 글쓴이가 무슨 말을 하는지 이해할 수 있어야 한다. 평소 다양한 영어 지문을 접하고 꾸준한 훈련을 지속해 나간다면 독해 정확도와 스피드를 자연스레 향상시킬 수 있다.

영어 듣기 공부 방법

영어 듣기의 경우 독해와 비교하면 난도가 현저히 낮은 편이다. 그러나 어느 정도의 기본 독해 실력이 갖춰져 있어야 영어가 들리기 때문에 기초가 많이 부족한 친구들은 독해부터 공부하는 것을 추천한다. 듣기 실력 향상을 위해서는 단어의 뜻과 더불어 발음을 아는 것이 매우 중요한데, 평소 듣기에서 자주 쓰이는 표현들을 함께 외우면 금방 점수를 올릴 수 있다. 최근 시중 영어 듣기 교재에는 받아쓰기 파트가 있는 경우도 많으므로 해당 교재를 통해 받아쓰기를 하는 것도 추천한다.

영어 내신 공부법

영어 내신의 경우 지문을 반복적으로 읽으며 암기하는 것이 공부의 핵심이라고 할 수 있다. 이때 무작정 지문을 외우기보다는 전체 내용 파악, 주요 어법 파악, 핵심 단어 파악 등을 염두에 두고 공부하면 효율적인 시험 대비를 할 수 있으며, 출제 가능한 문제의 유형들(빈칸 추론, 문단별 순서, 지칭 대상 등등)을 예상해보는 것도 도움이 된다.

7장

실전 학습 노하우

01

수업 활용 및 필기 비법

모두가 동일한 공간에서 동일한 시간 동안 학교 수업을 듣는다. 하지만 성적은 천차만별이다. 이와 같은 차이가 나는 이유에는 여러 가지가 있겠지만, 수업 시간을 어떻게 활용하는지가 큰 영향을 미친다. 수업 시간을 최대한 효율적으로 활용할 수 있는 방법들을 알아보자.

첫째로 수업 시간 직전 쉬는 시간에 오늘 배울 내용을 간략하게 확인하자. 매시간 진도를 나가는 페이지 수가 그리 많지 않으므로 훑어보는 데 오랜 시간이 필요하지 않다. 또한, 예습은 거창할 필요 없다. 목차와 학습 목표를 기반으로 내가 오늘 수업에서 얻어 가야 하는 포인트를 확인하고 핵심 용어 및 그래프, 도표 등을 보며 질문거리를 찾아두면 된다. 5분 정도 소요

되는 이 과정을 통해 수업에 능동적으로 참여할 수 있는 준비를 마칠 수 있다.

예습을 하게 되면 수업 시간에 필요한 부분만 골라서 필기할 수 있다는 장점도 있다. 교과서에 이미 세세하게 적혀 있는 내용이나 선생님이 하시는 농담까지 토씨 하나 빼놓지 않고 받아 적을 필요는 없다. 필기는 정말 필요한 내용만 자신만의 언어로 정리해서 적으면 된다.

『사람은 어떻게 생각하고, 배우고, 기억하는가』의 저자 제레드 쿠니 호바스 교수에 따르면 들리는 대로 모든 것을 받아 적는 필기법은 '얕은 필기'이다. 얕은 필기를 하는 동안은 학습 내용의 의미를 파악하는 감각이 활성화되지 않아 학습에 지장을 줄 수 있다. 이와 반대로 '깊은 필기'는 수업 내용을 소화하고, 자신의 말로 바꾸고, 행간에 숨겨진 의미를 도출하며 필기하는 행위를 의미한다. 깊은 필기는 학습 효과를 증대시킬 수 있다.[70] 따라서 사전에 예습하며 오늘 배울 내용 중 무엇이 핵심인지 간파할 수 있는 능력을 갖춘 후, 수업 시간에는 '깊은 필기'를 할 수 있기 바란다.

필기는 어디에 해도 상관없으나 분량이 많은 경우에는 노트를 적극 활용하고, 그렇지 않다면 교과서 여백을 최대한 활용해 단권화시키는 것이 나중에 시험공부 하기에도 수월하고 노트 분실 위험도 줄일 수 있다.

필기 시에는 선생님이 강조하시는 내용, 시험 힌트 등을 반드시 눈에 띄게 잘 표시해두자. 시험 문제는 학교 선생님이 출제하신다. 필자의 경우에도 선생님이 시험에 꼭 나온다고 말씀하신 내용이나 수업 맥락상 무조건 출제될 것 같은 내용은 'test'의 줄임말인 T자로 따로 표시해 두었다. 그 밖에도 별표 표시와 빨간색 펜 등을 활용하여 중요도 표시가 가능하다. 이 외에도 수업 중 이해가 가지 않은 부분이 있으면 '?' 등의 기호로 표시해 두어 나중에 잊지 않고 질문할 수 있도록 하자.

수업 직후 쉬는 시간에는 방금 배운 내용을 전체적으로 빠르게 훑어보며 복습하기를 추천한다. 아직 설명이 머릿속에 남아 있을 때 빠르게 정리해봄으로써 망각되는 내용을 현저히 줄이고 공부의 전체 효율을 높일 수 있다. 3~4분이면 충분하다. 혹시 수업 시간에 놓친 부분이나 의문이 드는 부분이 있다면 선생님께 질문을 드려 보충할 수 있도록 하자. 대충 넘어간 내용이 누적되면 시험공부를 할 때 큰 어려움을 겪는다.

이처럼 수업 직전에 오늘 배울 내용을 예습하고, 수업 시간에 최대한 집중하며 필기를 하고, 수업 끝난 직후 복습하는 습관이 형성된다면 시험 기간에 훨씬 적은 시간과 노력을 들이더라도 더 좋은 성과를 거둘 수 있다. 쉬는 시간을 활용한 예습, 복습은 다 합쳐서 10분도 걸리지 않으니 꼭 실천해보길 바란다.

02

노트 요약정리 비법

공부를 하다 보면 교재의 내용을 일목요연하게 노트에 정리할 필요성을 느낄 때가 있다. 그러나 노트 요약정리를 할 때는 주의할 점이 몇 가지 있다.

첫째, 노트 정리는 교재의 내용을 내 방식으로 소화시킨 후에 해야 한다. 단순히 분량만 덜어내서도 안 되고, 교재 내용을 똑같이 옮겨 적어서도 안 된다. 공부한 내용 중 요점만 뽑아서 자신이 알기 쉽게 '재배치'하도록 하자.

둘째, 노트 정리 시에 교과서의 문장을 통으로 옮기기보다 밑줄과 표시가 있는 단어와 어구 위주로 옮겨 적는 것이 좋다. 수식어나 재진술하는 표현은 과감히 삭제하자. 내용이 많을 경우 번호를 붙여 정리하면 전체 공부량을 가늠할 수 있다는 장점이 있다.

셋째, 그림과 표, 기호를 적극적으로 활용해 개념 간의 관계를 쉽게 파악할 수 있도록 정리하자. 유사한 내용, 반대되는 내용, 원인과 결과, 순서 등을 직관적으로 알 수 있게 필기하면 되며 공통점과 차이점은 표로 정리하면 큰 도움이 된다.

넷째, 목차의 대단원, 중단원, 소단원, 단락 제목 등의 체계를 분명히 파악하고 이를 적극적으로 반영하여 필기하는 것이 매우 중요하다. I, 1, 1), (1), ① 와 같이 위계에 따른 번호 형태를 미리 정하고 일관성 있게 반영해야 한다.

마지막으로 노트 정리는 평소에 미리 해두자. 시험이 가까워질수록 모르는 내용 및 틀렸던 내용 위주로 복습을 해야 하며, 이 시기에 요약정리를 해버리면 아는 내용도 반복적으로 공부하게 되므로 시간이 낭비될 수 있다. 따라서 노트 정리는 평소에 미리 해둘 수 있도록 하자.

무엇보다 노트 정리는 자신의 상황과 공부하는 내용의 특성에 맞춰 선별적으로 하는 것이 좋다. 필자의 경우 굳이 필요하지 않다면 노트 정리를 하지 않았다. 일부 필요성을 느끼는 파트에 한해서만 선별적으로 노트 정리를 했다. 여러분도 무작정 노트부터 펴기보다는 공부 시간과 노력 대비 효용을 잘 고려하여 능동적으로 판단할 수 있기를 바란다.

03

시험 실전 노하우

공부를 열심히 하는 것만큼이나 중요한 것이 실제 시험에서 자신의 능력치를 100% 발휘하는 것이다. 지금부터는 실제 시험에서 유용하게 활용할 수 있는 실전 노하우 8가지를 알려주겠다.

① 시험지를 받기 직전까지 요약정리 노트를 계속 볼 수 있도록 하자. 끝까지 최선을 다하는 자세가 중요하다. 또한 직전에 본 내용이 시험에 나올 경우 해당 문제를 빨리 풀 수 있어 시간 관리에 큰 도움이 된다.

② 시험지를 받으면 처음부터 끝까지 빠르게 훑어보자. 모두 몇 문제인지 끝 번

호를 확인하는 것이 매우 중요하다. 간혹 시험지의 페이지 수가 많은 경우 맨 뒷장을 깜빡하여 아예 몇 문제를 못 푸는 상황이 발생할 수 있다. 또한, 시험지를 훑어보는 과정에서 점수의 배점과 난이도도 함께 살펴보면 문제 풀이 전략을 세우는 데 큰 도움이 된다.

③ 처음 문제를 풀이할 때 모르는 문제는 빠르게 넘어가고 쉬운 문제부터 푸는 것이 중요하다. 이렇게 해야 시간 부족으로 인해 쉬운 문제까지 못 푸는 사태를 방지할 수 있다. 또한 시간이 지난 후 집중력이 높아진 상태에서 어려운 문제를 다시 풀었을 때 의외로 쉽게 풀리는 경우도 종종 있다.

④ '옳지 않은 것을 고르시오', '모두 고르시오' 같이 헷갈리기 쉬운 발문은 주의해서 체크해 놓자.

⑤ 선택지를 확인할 때 답이라고 생각하는 선택지가 앞부분에 나오더라도 뒤 내용도 마저 읽어봐야 실수할 확률을 줄일 수 있다.

⑥ 시험 시간이 5분~10분 정도 남았을 때는 아직 문제를 다 풀지 못했더라도 OMR 마킹부터 하자. 이후 남은 시간에 못 푼 문제들을 풀며 마저 마킹할 수 있도록 하자.

⑦ 문제를 풀고 시간이 남은 경우 반드시 처음부터 찬찬히 문제를 다시 풀어보자. 맨 처음 문제를 풀 때는 마음이 급한 상태이므로 풀이 과정에서 실수한 부분들이 있을 수 있다. 다시 한번 문제를 검토하는 과정에서 실수를 발견하고 고쳐야 한다.

⑧ 시험지 OMR 마킹은 반드시 꼼꼼히 검토해야 한다. 마킹 과정에서도 틈틈이 확인하되 전체 마킹이 끝난 후에도 다시 한번 점검해주는 게 실수를 줄일 수 있는 길이다.

04

문제집, 인터넷 강의, 오답 노트 활용 비법

문제집 활용 방법

우리는 학창 시절 내내 수십 권의 문제집을 풀게 된다. 이때 문제를 맞았는지 틀렸는지는 별로 중요한 것이 아니다. 어차피 시험에서 동일한 문제는 출제되지 않는다. 문제집은 내가 개념을 제대로 알고 있는지 재점검하고 부족한 부분을 찾아내는 용도로 활용해야 한다. 이를 위해서는 문제의 각 선지에 대한 철저한 분석을 진행해야 하는데, 아래 문제를 한번 살펴보자.

> 1. 다음 중 음운의 정의로 가장 적절한 것은?
> ① 뜻을 가진 가장 작은 말의 단위
> ② 한 번에 소리 낼 수 있는 발음의 최소 단위
> ③ 말의 뜻을 구분해주는 소리의 가장 작은 단위

④ 분리하여 자립적으로 쓸 수 있는 말이나 이에 준하는 말
⑤ 생각이나 감정을 말과 글로 표현할 때 완결된 내용을 나타내는 최소의 단위

이 문제의 답은 3번이지만, 진정으로 문제집을 잘 활용하기 위해서는 1, 2, 4, 5번의 선지가 각각 어떤 개념을 의미하는지까지 점검하고 넘어가야 한다. 그 과정에서 잘 기억이 잘 나지 않는 부분은 개념 복습을 통해 확실히 짚고 넘어가야 한다. 이런 식으로 공부를 하면 문제집 한 권을 풀더라도 3권 이상을 공부하는 효과가 있다.

또한 틀린 문제, 복습해야 할 문제는 따로 잘 표시해 두어 시험 기간에 복습할 수 있도록 하자. 문제 번호 옆에 ○○○ / ×× ○와 같은 식으로 풀이 횟수에 따라 표시를 남긴다면 복습할 때 쉽게 활용할 수 있다.

인강 활용 방법

최근에 인터넷 강의가 활성화되고 가격 역시 저렴해짐에 따라 많은 학생들이 인터넷 강의를 활용하고 있다. 하지만 인터넷 강의는 잘못 활용하면 독이 될 수 있다. 가장 주의해야 할 점은 절대 인터넷 강의를 TV 보듯이 시청해서는 안 된다는 것이다. 인터넷 강의를 들을 때는 공부할 때 쓰이는 뇌 부위가 거의 활성

화 되지 않으며, TV를 볼 때와 유사한 상태가 된다는 연구결과도 있다.[71] 따라서 효과적인 인터넷 강의 활용을 위해서는 강의 전 미리 문제를 풀어보고, 강의 중간에도 이해가 가지 않는 부분을 돌려보는 등 능동적인 학습 태도가 필요하다.

오답 노트 활용법

오답 노트는 명문대 합격생들 사이에서도 그 유용성에 관해 견해차가 큰 부분인데, 사실 오답 노트를 쓰는 행위 자체는 중요하지 않다. 틀린 문제를 '여러 번 보며 복습하는' 것이 관건이다.

필자의 경우 오답 노트를 따로 만들지 않고 틀린 문제는 문제집에 눈에 띄게 표시를 해두어 시험 기간에 집중적으로 복습했다. 오답 노트를 정리하는 것이 편한 친구는 오답 노트를 만들어도 좋지만, 노트 작성 자체에 많은 시간을 들이지 않기를 바란다. 문제를 옮겨 적는 시간이 너무 오래 걸린다면 과감하게 문제집을 오려서 붙여도 좋다. 대신 틀린 문제는 다음번에도 똑같은 이유로 또 틀리는 경우가 많으므로 정리한 내용을 여러 번 복습하며 내 것으로 만드는 것에 집중하자!

8장

실행력과 집중력의 비밀

01

습관이
형성되는 원리

지금까지 수많은 공부법과 학습 노하우를 살펴보았다. 하지만 배운 것을 실행하지 않으면 아무 소용이 없다. 지금부터는 실행력과 집중력의 비밀을 파헤쳐보겠다. 이 방법들을 제대로 숙지하고 활용하면 여러분도 타고난 의지와 집중력보다 훨씬 더 강한 힘을 발휘할 수 있을 것이다.

작은 습관의 힘

"낙수가 바위를 뚫는다"는 속담을 들어본 적 있는가? 이는 한두 방울의 빗물도 오랜 시간 지속적으로 떨어지면 바위를 뚫을 수 있다는 의미로, 작은 습관들의 중요성을 나타내는 문장이다.

짧게 보면 3년, 길게 보면 12년에 달하는 입시 과정에서 개인의 성취를 가장 크게 결정짓는 요인은 바로 이러한 낙숫물과 같은 '작은 습관들'이다.

사실 매일 의욕이 넘쳐서 공부하는 학생은 없다. 이는 공부뿐 아니라 모든 분야가 마찬가지이다. 사람의 의지는 상당히 변덕스러우며 필요한 행동은 의지가 아닌 습관에 의해 지속되어야 한다. 한번 습관이 형성되면 억지로 의지를 짜낼 필요 없이 그냥 행동할 수 있게 된다. 좋은 성적을 받는 학생들은 모두 공부 습관이 잡혀 있는 학생들이다. 어린 시절부터 자연스레 습관이 들었든, 원래는 공부하지 않다가 어느 순간 필요에 의해 습관을 만들었든 말이다.

실제로 우리가 매일 하는 일의 40~50%는 습관의 산물이다. 매번 모든 일을 새롭게 결정하는 것은 우리 뇌에게 너무나 비효율적인 일이기에 뇌는 이런 자동성을 통해 에너지 소비를 줄인다.[72] 그리고 긴 시간 속에서 축적되어 가는 습관들은 절대 무시할 수 없는 결과의 차이를 가져온다. '자투리 시간 활용', '쉬는 시간을 활용한 예·복습법' 등이 명문대생의 합격 수기에 빠지지 않고 등장하는 이유도 이 때문이다.

이와 같은 습관의 중요성은 '하인리히의 법칙'을 통해서도 설명된다. 하인리히의 법칙이란 미국의 보험회사에 근무하던 허버트 하인리히가 각종 사고를 분석하는 과정에서 발견한 것으로 그 내용은 다음과 같다.

"하나의 거대한 사건 뒤에는 29가지 작은 사건들이 도사리고 있고, 그 작은 사건들 뒤에는 300가지의 다양한 징후들이 나타난다."

이는 1:29:300의 법칙으로도 불리며 사고뿐 아니라 많은 사회 현상들을 설명할 수 있는 것으로 알려져 있다. 이 법칙을 수험 생활에 대입시키면 다음과 같다.

"300개의 사소한 노력이 모이면 29가지의 작은 성공을 이룰 수 있고, 29가지의 작은 성공이 모이면 하나의 큰 성공을 이룰 수 있다."

목표 달성이 어려운 근본적 이유

큰 성과는 절대로 한순간에 이뤄지지 않는다. 1m를 가지 않고서 100m를 완주할 수는 없는 노릇이다. 만약 여러분이 이루고 싶은 목표가 있다면 그것에 다가서기 위한 구체적인 계획을 설정하고 작은 노력들을 매일 꾸준히 실천해 나가야 한다.

하지만 많은 사람들이 '실행' 단계에서 큰 어려움을 겪는다.

아마 여러분도 그런 경험이 있을 것이다. 실제로 미국의 시장 분석 기관인 통계브레인 조사연구소에 따르면 새해 결심이 성공할 확률은 8%밖에 되지 않는다고 한다. 100명이 결심하면 그중 여덟 명만 목표 달성에 성공하는 것이다. 25%는 일주일 안에, 50%는 한 달 안에 실패한다. 이처럼 행동의 변화가 쉽지 않은 이유는 무엇일까? 이는 근본적으로 우리의 뇌가 변화를 거부하게 설계되었기 때문이다.

인간은 과거에 야생의 환경에서 생존하며 진화해왔기 때문에 우리의 뇌는 '변화'를 생존에 대한 위협으로 인지하는 경향이 있다. 포유류의 뇌에 있는 편도체라는 부위에서 변화에 대한 공포와 불안을 느끼도록 경고 메커니즘을 작동시키는 것이다. 이런 시스템은 지금껏 포유류의 생존율을 높이는 데 지대한 역할을 했지만, 인간이 스스로 변화하는 데는 큰 장애가 된다. 변화가 클수록 두려움도 커지기 때문이다.[73]

여기서 우리는 처음에 습관을 어떻게 형성해야 하는지에 관한 힌트를 얻을 수 있다. 습관의 비밀은 처음에 아주 '단순하고 작게' 시작해야 하는 것에 있다. 목표는 최대치로 정하되 실행은 최소한의 크기로 해야 한다. 이것이 변화를 가로막는 심리적 방어기제를 이겨내는 유일한 방법이다. 뇌가 변화를 인지하지 못할 정도로 아주 작게 변해야 한다.

『아주 작은 습관의 힘』 저자인 제임스 클리어는 어떤 일을 새로 시작할 때 '2분 규칙'을 사용하라고 조언한다. 새로운 습관을 만들 때는 그 일을 2분 이하로 하라는 것이다. 처음부터 2~3시간을 해야겠다고 결심을 하면 엄두도 나지 않을 수 있지만 2분, 5분, 10분과 같은 식으로 조금씩 시간을 늘려 나가다 보면 시작이라는 중요한 관문을 쉽게 넘을 수 있다.

다행인 것은 한번 습관이 들면 그 뒤로는 별다른 노력이 필요하지 않다는 점이다. 처음에는 의식적 노력이 필요하지만 익숙해지면 자연스럽게 해당 행동을 하게 된다. 이와 관련한 실험을 하나 살펴보자. 1990년대 초 MIT 연구자들은 습관 형성에 따른 쥐들의 뇌 반응을 측정하기 위한 실험을 했다. 뇌의 변화를 측정할 초소형 전자 장비를 두개골에 삽입한 후 쥐들을 T자 모양의 미로에 놓아두었는데, 미로의 왼쪽 끝에는 초콜릿이 있었다.

미로에 들어간 쥐들은 초콜릿을 찾기 위해 이리저리 헤매었다. 코를 킁킁대며 벽을 긁어대기도 했다. 쥐들은 처음에는 저마다 다른 패턴으로 미로를 헤매었지만, 마침내 대부분이 초콜릿을 찾아냈다. 이 과정에서 쥐들의 뇌는 매우 활발하게 움직였다.

연구진은 같은 실험을 반복하면서 쥐들이 똑같은 길을 수백 번 다닐 때 생겨나는 뇌 활동의 변화를 관찰했다. 실험이 반복될수록 쥐들은 미로에 들어서면 주저 없이 미로 끝에 있는 초콜릿을 찾아냈다. 그리고 갈수록 그들의 뇌 활동은 현저히 줄어들었고 정보를 처리하고 의사 결정을 하는 뇌 활동이 중단되었다.

실험이 좀 더 반복되자 기억과 관련된 뇌 부위까지 조용해졌다. 굳이 기억에 의존할 필요 없을 정도로 미로에서 초콜릿 찾는 방법이 습관이 된 것이다.[74]

이 실험을 통해 우리는 습관 형성과 관련된 뇌의 작동 메커니즘을 파악할 수 있다. 익숙하지 않은 일에 적응하는 과정에서는 뇌가 쉬지 않고 움직이며 많은 정보를 처리하지만, 일단 한번 과업에 익숙해지고 나면 뇌는 활동을 거의 하지 않는다. 행동이 자동화되는 것이다. 따라서 필요한 행동을 지속하기 위해서는 습관을 형성하는 것이 매우 중요하다.

습관 형성의 비밀: 보상 루틴

습관을 빠르게 형성하기 위해서는 자신만의 '보상 루틴'을 만드는 것도 도움이 된다. 모든 행동의 기본 메커니즘은 '신호–행동–보상'이다. 신호를 통해 특정 행동을 하도록 뇌를 자극하고 신호에 적합한 행동을 한 후, 그에 따른 적합한 보상을 주면 자연스레 새로운 습관이 형성된다.

특히 보상은 뇌에 긍정적 화학반응을 일으키며 더 큰 성취를 끌어내는 강력한 동인이 될 수 있다. 케임브리지 대학교 신경과학과 교수 볼프람 슐츠는 보상이 신경화학에 어떻게 작용하는지 알아내기 위해 원숭이를 대상으로 실험을 진행했다. 그는 컴퓨터 모니터에 여러 가지 도형이 나타났을 때 원숭이가 손잡이를 당기면 보상으로 블랙베리 주스를 줬다. 원숭이는 시간이 지날수록 블랙베리 주스를 먹기 위해 모니터에 집중하기 시작했으며, 지속적으로 '신호 – 행동 – 보상' 패턴을 반복해 나갔다. 주스라는 보상으로 인해 습관이 형성된 것이다.[75]

따라서 새로운 습관을 형성하는 과정에서는 뿌듯함의 감정을 충분히 음미하거나 먹고 싶은 것을 먹고, 듣고 싶었던 음악을 듣는 등 자신만의 보상 루틴을 잘 활용하는 것이 중요하다. 우리가 게임을 할 때 목표치를 달성하면 도파민 분비가 일어나 즐거움을 느끼는 것처럼 학습 과정에서도 '뇌의 보상회로'를 잘 활용하면 목표 달성에서 오는 기쁨을 느낄 수 있다.

02

의지력의 비밀

의지력은 타고나는 것인가?

우리는 하고 싶은 것을 참고, 해야 할 일을 열심히 하는 사람을 보고 '의지력' 또는 '자기통제력'이 강하다고 말한다. 자기통제는 행동 및 감정의 통제를 모두 포함하며, 자기통제력이 약한 학습자들은 학습 도중 주위에 방해물이 존재하면 금방 주의를 그곳으로 돌린다. 반면 자기통제력이 강한 학습자는 학습의 과정에 나타나는 많은 어려움을 극복하고 학습을 지속해 나갈 수 있다. 그렇다면 어떻게 의지력과 자기통제력을 강화할 수 있을까?

우선 사람의 의지는 한정된 자원임을 알아야 한다. 미국 심리학자 로우 바우마이스터는 의지력에 관한 연구를 진행하기 위해 실험에 참여하는 대학생들을 장시간 굶게 한 후 한 방에 들어가게 했다. 방 안에는 과자와 초콜릿, 순무가 있었는데 어떤 학생들은 과자나 초콜릿을 먹을 수 있었고, 어떤 학생들은 맛없는 순무만 먹을 수 있었다.

잠시 후 장소를 옮겨 두 그룹의 학생들에게 퍼즐을 풀게 했다. 그러나 퍼즐은 애초에 풀 수 없게 설계되어 있었기에 모든 학생들은 결국 퍼즐 풀이를 포기할 수밖에 없었다. 그렇다면 어느 그룹의 학생들이 더 오랜 시간 동안 퍼즐에 도전했을까?

대부분의 사람들은 순무만 먹을 수 있었던 학생들이 인내심과 의지력이 강해졌을 것이므로 퍼즐을 더 오래 풀었을 것이라 예측한다. 하지만 순무만 먹은 학생들은 평균 8분 만에 퍼즐 풀이를 포기한 데 비해, 초콜릿을 먹은 학생들이 평균 20분 동안 퍼즐을 풀려고 노력했다.[76]

이 실험 결과가 시사하는 바는 '의지력은 한정된 자원이라는 것'이다. 우리의 자기통제력이나 의지력은 결코 무한하지 않다. 순무만 먹어야 했던 학생들은 초콜릿을 먹고 싶은 욕구를 참는 과정에서 의지력을 이미 사용해버렸기에 퍼즐 풀이에 사용할 의지력이 줄어든 것이다. 따라서 자기통제를 잘 하기 위해서 가능한 일상에서 의지력의 낭비를 막아야 한다. 공부하기도 전부터 불필요한 곳에 의지력을 낭비하면 정작 공부에 필요한 의지력이 줄어들기 때문이다.

평소 의지력을 아끼는 법

평소에 의지력을 아끼는 방법은 간단하다. 애초에 우리의 집중력을 흐트러뜨리는 요소를 눈앞에서 없애면 된다. 거울, 스마트폰, 게임 등을 의지로 참는 것은 너무 힘들다. 그러니 애초에 멀리 두거나 서랍에 넣어버리자. 실제로 이 방법은 1960년대 후반 스탠퍼드대학교 심리학자 월터 미셸이 진행한 실험에서 증명된 바 있다. 실험에 참여한 유치원생 아이들은 눈앞에 과자를 두고 잠깐 참아야 하는 상황에 놓이게 되었다. 이때 과자를 바로 먹은 아이도 있었고 끈질기게 버틴 아이도 있었는데, 과자의 유혹을 버틴 아이들의 공통점은 애초에 과자를 피해 등을 돌리고 앉거나 다른 곳으로 자리를 옮겨서 혼자 놀았다는 것이다. 즉, 그들은 과자의 유혹을 억지로 참은 것이 아니라 눈에 보이지 않게 해서 잠시 잊어버리는 방법을 택했다. 그리고 실험이 끝난 후에 다른 아이들에게도 이 방법들을 알려주었더니 모든 아이들이 이전보다 더 오랫동안 과자를 먹지 않고 참을 수 있었다고 한다.[77]

마찬가지로 학업 성취도가 높은 학생들은 그렇지 않은 학생들보다 자신의 학습 환경을 잘 통제하는 경향이 있다. 애초에 공부에 방해가 될 만한 요소를 남겨두지 않는다. 환경이 공부 방법과 목표 못지않게 중요함을 알기 때문이다. 여러분도 지금 당장 최고의 공부 환경을 조성할 수 있도록 해보자. 아래 표에 나의 공부를 방해하는 원인을 찾아 적은 후, 이에 대한 적절한 해결 방안을 마련하자.

공부 방해 요소	해결방안
ex) 주말에 집에서 가족들이 TV 보는 소리. 물 뜨러 나갔다가 집중력이 흐트러진다.	ex) 주말에는 아침부터 도서관에 간다. 공부 전 물을 미리 떠둔다.

03

멀티태스킹은 절대 금지!

애초에 멀티태스킹은 불가능하다

공부하며 음악을 듣거나 수시로 휴대폰 메신저를 사용하는 학생들이 있다. 이런 행동을 '멀티태스킹(동시에 여러 일을 하는 것)'이라고 부르는데, 이는 공부 효율을 매우 저하시킨다. 여러 가지 일을 동시에 하면서도 공부가 잘되고 있다고 믿는다면 이는 완전한 착각이다. 사람은 뇌는 애초에 '멀티태스킹'을 하는 것이 불가능하게 설계되어 있으며, 한 번에 한 가지씩 집중하여 처리하는 방식으로 작동한다. 만약 여러분이 SNS를 사용하며 공부를 한다면 뇌는 두 작업을 동시에 처리하고 있는 것이 아니라 둘 사이에서 정신적 이동을 반복하고 있는 것이다.

이런 현상을 전문 용어로 '작업전환'이라고도 부르는데, 문제는 이 작업전환이 우리의 정신 에너지를 크게 소모한다는 점이다. 신속한 작업전환을 계속하다 보면 전전두피질과 선조체에서 산소를 함유한 포도당을 태우게 되기에 뇌의 연료가 금방 바닥나고 이는 인지능력의 저하로 이어진다.[78]

우리가 하루 동안 쓸 수 있는 에너지의 양은 정해져 있다. 공부에 집중해야 하는 학생에게 작업전환으로 인한 정신력 낭비가 발생한다면 정말 치명적이다. 그러므로 공부를 할 때는 최대한 다른 방해요인들을 제거하고 오롯이 공부에만 몰두하는 것이 좋다.

또한, 공부할 때는 노래도 가능하면 듣지 않는 게 좋다. 주위의 소음을 차단하기 위해 이어폰을 꽂고 음악을 듣는 경우가 있는데, 배경음악은 뇌의 성능을 떨어뜨린다는 연구결과가 여럿 발표된 바 있다.[79] 이를 '무관련 소리효과'라고 부른다. 물론 신나는 음악을 통해 기분을 개선할 수는 있다. 하지만 이 경우 공부하기 10분 전까지 곡을 듣다가 음악을 끄고 공부를 시작하는 것이 좋다. 그리고 휴식할 때 다시 좋아하는 곡을 들으면 된다. 단, 바람 소리나 새소리 같은 자연 음이나 클래식은 오히려 주의력을 높이는 데 도움이 된다고 하니 참고하길 바란다.

04

동조 욕구 활용하기

친구 따라 강남 간다?

사회학자 댄 챔블리스는 올림픽 수영선수들을 연구하며 그들이 어떻게 매일 새벽 4시에 일어나 수영 연습을 하러 갈 수 있는지 궁금증을 가졌다. 그리고 그런 힘든 훈련을 잘 견디는 사람들은 특별한 사람일 것으로 생각했다. 그러나 연구를 진행한 결과, 주위의 모든 사람이 새벽 4시에 일어나 연습을 하러 가면 특출난 의지력이 있지 않더라도 자연스럽게 그렇게 될 수밖에 없다는 사실을 발견했다. 해당 행동을 당연한 것으로 여기게 되고 결국 습관이 되어버리는 것이다. 실제로 올림픽팀에 새로 합류한 선수들은 이전보다 훨씬 발전한 모습을 보인다. 이를 두고 댄은 '훌륭한 수영선수가 되는 가장 현실적인 방법은 훌륭한 팀에 들어가는 것이다'라고 결론을 내렸다.

이처럼 집단과 유사하게 행동하고 싶어하는 욕구를 '동조 욕구'라고 부른다. 이는 인간의 기본 욕구이다. 일단 집단에 한번 속하게 되면 집단의 분위기와 문화가 나의 것으로 내면화되기 때문에 내가 어떤 사람들과 어울리고 어느 집단에 속할지는 굉장히 신중하게 선택해야 한다. 목표에 부합하는 사람과 같은 환경에 속하면 그 자체만으로도 성공에 가까운 행동을 더 쉽게 할 수 있다.[80] 반대로 내 목표를 무시하는 사람들과 같은 환경 속에서는 그러한 인식과 싸우는 과정에서 불필요한 에너지가 낭비될 수도 있다.

동조 효과는 거울 뉴런(mirror neuron)의 존재를 통해서도 확인된 바 있다. 신경생리학자인 이탈리아 파르마대학 자코모 리촐라티 교수는 1996년 행동을 조절하는 신경을 연구하기 위해 원숭이의 하두정피질에 전극을 설치했다. 그런 후 원숭이 앞에서 손을 들어 올렸더니 원숭이의 뇌에 심은 전극과 연결된 컴퓨터에 신호음이 울렸다. 뇌에서 물건을 집는 데 관여하는 뉴런이 활동한 것이다. 즉, 원숭이는 가만히 앉아서 자코모 교수가 손을 드는 것을 보기만 했을 뿐인데도 실제로 앞발을 들 때 활동하는 뉴런이 작동되었다.[81] 이처럼 뇌는 다른 사람의 행동을 보기만 해도 자신이 그 행동을 직접 할 때와 똑같은 신경세포가 활성화되는 특징이 있다. 상대를 내 거울처럼 여기는 것이다.

낙제생이 사라진 텍사스 대학교

주변인의 영향력이 중요함을 드러내는 연구결과는 또 있다. 텍사스 대학교 수학과 교수 유리 트라이스먼은 UC버클리에서 학생들을 가르치다가 한 가지 흥미로운 사실을 알게 되었다. 아프리카계 미국인 학생의 60%가 미적분 수업에서 낙제하고 그로 인해 중퇴까지 하지만, 중국계 미국인 학생은 단 한 명도 낙제하지 않았다는 사실이었다. 유리 교수는 그 이유를 발견하기 위해 직접 학생들을 관찰하였고, 두 집단 사이의 차이를 밝혀냈다. 아프리카계 미국인 학생들은 대체적으로 혼자서 공부했으며 어려운 문제를 풀다가 잘 풀리지 않으면 자신은 수학에 재능이 없다고 지레짐작하고 포기했다. 반면 중국계 미국인 학생들은 식당이나 카페 등에서 친구들과 모여 함께 공부하였기 때문에 어려운 문제가 있으면 나뿐만 아니라 모두가 힘들다는 것을 이해했다. 또한, 함께 문제를 풀어 나가는 과정에서 함께 성장했다.

유리 교수는 이 사실을 깨닫고 여러 학생과 함께 하는 워크숍을 개최했다. 참가 학생들은 수학 문제를 함께 풀면서 고민을 했다. 그 결과 놀랍게도 2년 만에 아프리카계 미국인 학생의 낙제 비율이 0%가 되었다. 심지어 백인과 아시아계 학생들의 수

학 점수를 추월하기도 했다.[82]

이와는 반대로 주변 사람에 의해 악영향을 받는 사례도 있다. 친한 친구가 비만이면 나도 비만이 될 확률이 57% 높아진다는 연구결과도 있으며, 낯선 사람들을 무작위로 배치했을 때조차 옆 사람이 많이 먹으면 자신도 많이 먹게 되는 경향이 생긴다고 한다. 상대의 행동이 나의 판단 기준이 되기 때문에 영향을 받는 것이다.[83]

이처럼 주변 사람의 존재는 나에게 매우 큰 영향을 끼친다. 평소 주변에 목표 의식과 의지가 강한 친구들을 두고 함께 성장하는 동반자로 삼을 수 있기를 바란다.

05

몰입의 원리

몰입 상태에 이르면 공부가 즐겁다

『몰입』의 저자 미하이 칙센트미하이에 따르면 몰입이란 '어떤 활동에 집중할 때 일어나는 최적의 심리 상태이자, 그 일에 완전히 푹 빠져 시간 감각조차 잃어버리고, 주변 상황에 대해 전혀 인식하지 못하는 상태'를 의미한다.

이런 몰입이 학습활동에 발생하는 것을 '학습 몰입'이라고 한다. 학습 몰입은 학습하면서 학습자가 대단히 즐거운 심리 상태에 있어 학습에 완전히 빠져 있는 상태이다.[84] 이런 상태일 때는 현재 하는 공부에 완전히 관심이 집중되어 있으므로 학습과 상관없는 일에 의식을 빼앗기지 않는다. 따라서 학습을 하는 동안 가급적 빠르게 몰입 단계로 들어가는 것이 중요하다.

그러나 황농문 교수의 저서 『몰입』에 따르면, 공부를 시작했을 때부터 높은 수준의 몰입상태에 이르기는 쉽지 않다고 한다. 이처럼 마음이 산만한 상태를 '엔트로피가 높은 상태'라고 하는데, 이 상태에서는 공부에 집중이 잘되지 않고 앉아있는 것조차 괴롭게 느껴질 수 있다. 하지만 그 조금의 시간만 견디고 한두 시간 내로 서서히 몰입에 접어들면 어느 순간 괴로움이 느껴지지 않고 공부하는 과정이 자연스러우며 즐겁게 느껴질 수 있다.

빠르게 몰입상태에 이르는 방법

몰입 단계에 빠르게 접어들기 위해서는 처음 공부를 시작한 직후 난이도가 쉬운 문제를 푸는 것을 추천한다. 산만할 때일수록 공부에 대한 빠른 피드백이 있는 것이 좋다. 학습 과제가 지나치게 어려운 경우 문제풀이 시간도 오래 걸릴뿐더러 재미도 없게 느껴져 집중력을 유지하기 힘들다. 따라서 비교적 쉬운 과제를 적절하게 혼합해 최소 절반 이상 아는 내용으로 공부를 시작하는 것이 좋다. 그러다가 몰입도가 어느 정도 올라가면 목표로 하는 수준의 내용으로 옮겨가면 된다.

예를 들어 수학 같은 경우 처음부터 고난도 문제를 풀기보다는 수능 3점 문제와 같은 비교적 쉬운 문제를 풀면 빠르게 몰입상태에 들어갈 수 있다. 암기과목은 이전 시간에 공부한 내용을 가볍게 복습하다가 몰입도가 올라간 후 새로운 내용을 암기하는 식으로 공부해 볼 수 있다. 이처럼 쉬운 공부를 시작하면 어느새 마음이 차분해지고 공부에 온전히 집중하는 몰입 단계에 들어서게 된다.

누구나 처음부터 몰입도가 높을 수는 없다. 단, 누가 괴로운 첫 1시간을 버텨내고 높은 몰입 단계에 들어서는지가 학업의 성취 수준을 결정한다. 일단 한번 몰입상태에 들어서면 집중하기가 한결 수월하므로 이 점을 명심하고 처음에 집중이 안 되더라도 억지로 참아보길 바란다.

참고로 한번 떨어진 몰입도를 다시 올리는 과정은 상당히 괴롭기에 중요한 시기에는 학습 몰입도를 깨지 않도록 일상생활에서도 주의를 기울여야 한다. 최대한 공부와 관련 없는 일은 하지 않는 것이 좋으며 주말에도 최소한의 공부 리듬은 유지하기를 권한다. 이는 슬럼프 기간에도 마찬가지인데 아무리 공부가 잘 안 되는 정체기가 오더라도 아예 공부를 놓아버리지 않도록 주의해야 한다.

그 밖에도 인간의 뇌는 정보를 소비할 때보다 정보를 창출할 때 더 몰입하는 경향이 있으므로 평소 수업을 들을 때도 적극적으로 필기하고 대답과 질문을 하는 등 능동적인 태도로 학습에 임하기를 추천한다.

06

그 밖의 다양한 심리 기법

모노톤 효과 벗어나기

누구든 비슷한 내용을 반복해서 공부하면 지루함을 느끼고 뇌의 능률이 떨어진다. 이를 심리학 용어로 '모노톤 효과'라고 한다. 반대로 긴 시간이라도 서로 다른 일을 섞어서 하면 싫증이나 피로를 덜 느낀다. 이는 뇌가 단순 자극에 민감한 특성이 있기 때문이다. 물론 한 번에 한 가지씩 꾸준하게 공부하는 타입의 학생들은 집중력 유지에 큰 어려움을 겪지 않을 수 있지만, 일반적인 학생은 일정한 간격으로 과목이나 단원을 바꾸어 공부하는 것이 좋다. 그래야 공부가 지루해지지 않는다.[85]

또한 같은 과목 내에서도 여러 파트를 함께 공부하는 방법이 도움이 된다. 예를 들어, 수학의 경우 하나의 방정식 개념을 마스터한 후 다음 내용으로 넘어가기보다는 1회 학습에서 다양한 방정식을 다뤄보고 다양한 문제를 풀어보는 식으로 학습하는 게 더 학습효과가 크다. 물론 너무 짧은 시간 안에 여러 내용을 섞어 공부할 경우 오히려 이해도가 떨어질 수 있으므로 최대 3가지 이내의 학습 내용으로 제한하여 공부를 진행하기 바란다.[86]

모노톤 효과는 장소에도 적용될 수 있는데, 한 장소에서 오랜 기간 공부할 경우 마음가짐이 해이해지고 집중력이 떨어지기 쉽다. 집, 도서관, 독서실, 카페 등 공부 장소를 주기적으로 변화시켜 집중력을 향상할 수 있도록 해보자.

마감효과 활용하기

시험이 임박하여 벼락치기를 할 때 공부 효율이 최고조가 되는 이유는 '마감효과' 때문이다. 마감효과란 '시간이 급박하고 다급한 상황에서 집중력이 높아지는 현상'을 뜻한다. 이런 심리 효과를 평소에도 활용하기 위해서는 스스로 하루 안에 끝마쳐야 할 일들을 목록으로 작성함으로써 마감 기간을 정하는 것이 좋다.

또한, 시험 기간에는 공부 기간을 여러 개의 '짧은' 기간으로 나누고 각 기간의 마지막 날을 시험 전날이라고 생각하면 더욱 집중력 있게 공부할 수 있다. 예를 들어 시험공부 기간 3주(21일)를 7, 6, 4, 3, 1일과 같이 짧은 기간들로 나눈 후 각각의 덩어리를 시험 전까지 남은 날이라고 생각하고 공부해 볼 수 있다.

생산성 극대화, 포모도로 기법

집중력 향상에 있어 도움이 되는 시간 관리 기법으로는 '포모도로 기법'이 있다. 이는 1980년대 후반 프란체스코 시릴로가 개발한 생산성 향상 기법으로[87] '한 가지 과업을 수행할 때 25분간 일한 후 5분간 휴식한다'라는 원칙을 기본으로 한다.

포모도로 기법이 학습의 효율성 증대에 효과가 있는 이유는 '초두효과'와 '최신효과' 때문이다. 초두효과란 학습, 수업, 발표, 사회적 상호작용 등 모든 상황에서 초반에 습득한 내용을 더 잘 기억하는 현상을 일컫는 용어로, 만약 파티에서 낯선 사람을 40명 이상 만났다면 그중 처음 만난 몇 사람만 기억하는 현상을 뜻한다. 최신효과란 마지막에 학습한 내용일수록 더 잘 기억에 잘 남는 현상을 의미한다.

포모도로 기법을 통해 공부하는 틈틈이 적절한 휴식을 취해주면 공부 시간의 시작과 끝에 초두효과와 최신효과가 나타나므로 더 효율적으로 많은 양을 기억할 수 있다. 실제로 2시간 동안 쉬지 않고 책을 읽으면 처음 20분 동안 본 내용, 마지막 20분에 본 내용 위주로 기억이 나고 중간 내용은 잘 기억이 나지 않는다. 이렇듯 기억이 나지 않는 부분을 '학습의 사각지대'라고 부른다. 그 밖에도 집중력에 관한 연구에 따르면 우리의 집중력은 10~40분 사이에 자연스럽게 떨어진다고 하므로 포모도로 기법을 통해 집중해서 학습을 한 후 잠깐의 휴식을 취하는 패턴을 반복하면 학습 효율을 크게 높일 수 있다.[88]

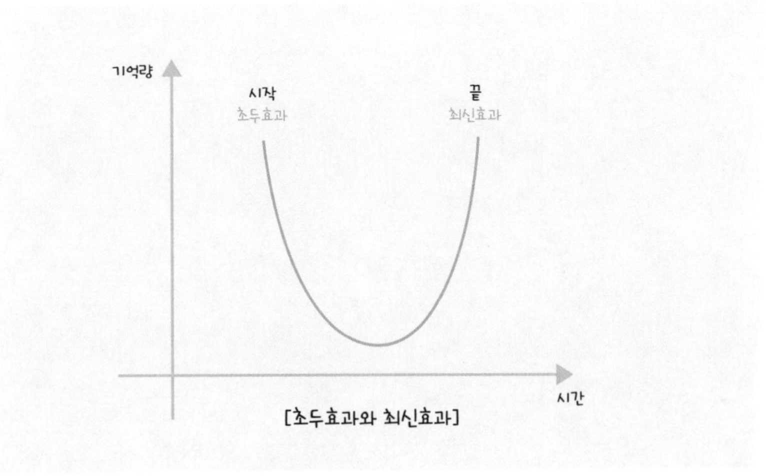

[초두효과와 최신효과]

9장

수험생의 자기 관리

01

휴식의 중요성

휴식도 공부의 일부다!

마지막 단원에서는 수험생의 자기 관리에 관한 내용을 다룰 것이다. 먼저 휴식에 대해 생각해 보자. 사람이 하루에 사용할 수 있는 에너지는 한정적이다. 인간은 기계가 아니기에 생명 활동을 위하여 휴식이 필수적이다. 하물며 기계도 자주 멈춰 세워서 점검하고 기름칠을 해줘야 잔고장 없이 더 오래 쓸 수 있는데, 인간도 에너지를 사용한 만큼 충분한 식사, 수면, 휴식을 취해줘야 피로가 누적되지 않는다. 특히 몸이나 마음의 컨디션이 좋지 않으면 공부에 제대로 집중하기 힘들기 때문에 굳은 의지로 목표를 향해 정진하기 위해서는 컨디션을 최상으로 유지해야 한다.

감기만 걸려도 공부가 잘되지 않는 경험을 다들 한 번쯤 해보았을 것이다. 아무리 똑똑한 학생이라도 건강이 뒷받침되지 않으면 학습 능률이 떨어질 수밖에 없다. 그뿐만 아니라 행복한 인생을 살아가는 데 있어 건강한 몸과 마음은 그 무엇보다 중요하다. 결국 공부를 열심히 하는 것도 행복한 삶을 위한 것인 만큼 건강을 해치지 않는 수준에서 학습을 해나가야 한다.

휴식 정도에 따라 사람의 의사결정이 얼마나 크게 바뀌는지 보여주는 흥미로운 사례도 있다. 미국 스탠퍼드 경영대학교의 조너선 레바브 교수는 동료와 함께 휴식이 판사의 판결에 미치는 영향을 연구했다. 이를 위해 이스라엘 교도소에서 10개월의 기간 동안 여덟 명의 판사들이 맡은 1112건의 가석방 심사를 분석했다.

판사의 일과는 굉장히 빡빡한 편인데, 판사 한 명당 관계자들의 주장을 듣고 약 6분 내에 의사결정을 내리는 방식으로 하루에 14~35건을 심사했다. 그들이 쉬면서 재충전할 시간은 오전의 간식 타임과 늦은 점심시간 두 번뿐이었다. 오전에 평균 7, 8건의 판결을 내린 뒤에 30분 동안 쉬면서 간식을 먹었다. 그리고 약 11.4건의 판결을 더 내리면 점심시간이 됐고 판사들은 한 시간 동안 점심을 먹고 돌아왔다.

놀랍게도 휴식 전후 판사들의 의사결정은 매우 다른 양상을 보였다. 매우 지쳐있는 휴식 시간 직전에는 가석방 승인율이 0

에 가깝게 떨어지는 반면, 휴식 직후에는 가석방 승인율이 65%로 높아졌다. 점심을 먹으며 충분히 쉰 다음 좋은 기분으로 죄수를 검토하면 가석방 승인율이 높아지는 것이다.[89]

이처럼 컨디션은 우리의 인지적 활동에 많은 영향을 준다. 따라서 최적 상태에서 학습하기 위해서는 적절한 휴식을 통해 에너지를 재충전하는 과정이 필수적이다. 공부가 가만히 앉아있기만 하는 행위인 것 같지만, 사실 엄청난 두뇌 에너지를 쓰는 일이다. 열심히 공부한 날에는 금방 허기가 지는 것도 이 때문이다. 또한, 뇌가 움직일 때는 수백만 개 이상의 뉴런을 동원하여 정보를 전달해야 하기에 뇌를 오래 사용하면 긴장감이 지속되고 뇌의 피로도가 쌓인다. 뇌의 피로도는 몸의 피로도보다 훨씬 크고 회복도 더디다. 따라서 오랜 기간 수험 생활을 효율적으로 해내기 위해서는 컨디션 관리에 정말 큰 노력을 기울여야 한다. 지금부터 이를 위한 구체적인 방법들을 알아보자.

02

운동은 선택이 아닌 필수다!

학습에도 도움이 되는 운동 습관

평소 실내에서 탁한 공기를 마시며 계속 앉아있다 보면 컨디션이 악화되기 쉽다. 따라서 틈틈이 신체 활동을 병행해주어야 하는데 이는 건강뿐 아니라 학습을 위해서도 꽤 중요한 부분이다.

운동은 뇌의 혈류를 올려주는 역할을 한다. 뇌로 유입되는 혈액의 양이 증가하면 뇌세포들은 더 많은 에너지를 공급받게 된다. 결과적으로 집중력, 이해력, 독해력과 같은 학습 능력이 전반적으로 향상된다. 또한, 운동은 뇌세포들 간의 연결(시냅스)을 생성하는 역할을 하는 BDNF 단백질을 증가시켜 암기력을 향상시킨다. 실제 2007년 독일에서 실시된 연구결과에 따르면 운동을 하면 어휘 학습 속도가 20%가 빨라진다고 한다.[90]

그 밖에 운동이 학생들의 학업에 긍정적인 영향을 끼친 사례로는 네이퍼빌 센트럴 고등학교의 사례를 들 수 있다. 일리노이주에 위치한 네이퍼빌 센트럴 고등학교는 0교시에 체육 수업을 하며 학생들을 매일 1마일(1.6km)씩 달리게 한다. 그 결과 해당 고등학교 학생들은 전국에서 가장 건강한 학생들이자 학업 성적이 뛰어난 학생들이 되었다. 전국의 과체중 학생이 30%에 달하는 반면 해당 학교는 3%밖에 되지 않았으며, 팀스(TIMSS)라는 전 세계 23만 명이 참여하는 수학, 과학 시험에서도 네이퍼빌 학생들이 수학 5등, 과학 1등을 차지했다. 이전까지는 중국, 일본, 싱가포르가 늘 미국을 앞질러 왔던 시험이었다.[91]

다행인 점은 우리도 매일 1.6km를 달릴 필요는 없다는 것이다. 5분 정도 걷기 운동을 하기만 해도 기억력이 최대 50%까지 개선된다.[92] 오히려 너무 과한 운동은 신체를 피곤하게 만들 수 있으므로 지양하는 것이 좋다. 여러분도 학교생활 틈틈이 산책과 스트레칭을 하거나 하루 2~30분 정도 가볍게 조깅, 줄넘기, 구기 운동 등을 하며 스트레스 해소와 원활한 두뇌활동에 도움을 받길 바란다. 학업도 중요하지만 건강을 함께 챙기는 것이 장기적인 관점에서는 훨씬 이롭다.

03

수면,
절대 과하게 줄이지 마라!

잠을 자야 성적이 오른다!

운동과 더불어 수면도 중요한 휴식의 일부이다. 간혹 공부를 열심히 하는 학생 중 충분한 수면 시간을 확보하는 것에 큰 죄책감을 느끼는 경우가 있는데, 그럴 필요가 전혀 없다. 수면은 육체적 피로의 해결 수단일 뿐 아니라 기억의 장기화 및 통합적 사고 측면에서도 매우 중요한 역할을 하기 때문이다.[93]

오리건 보건화학대학교의 제프 일리프 박사는 수면에 관한 TED 강연에서 다음과 같이 수면의 중요성을 강조하기도 했다. "뇌는 깨어있고 몹시 바쁠 때는 세포 간 공간의 노폐물을 치우기를 미룹니다. 잠이 들어 그다지 바쁘지 않을 때 일종의 청소모드로 전환되면서 뇌세포 간 공간에 온종일 쌓인 노폐물을 치

웁니다. 집안일과 마찬가지로 뇌의 청소는 생색이 나지 않는 일이지만 매우 중요한 일입니다. 주방 청소를 한 달 동안 하지 않는다면 집은 곧 사람이 살 수 없는 상태가 될 것입니다. 뇌 청소는 심신의 건강과 기능을 좌우하기에 청소를 미룸으로써 초래되는 결과는 더러운 주방보다 훨씬 클 수 있습니다."[94]

기억과 수면에 관한 젠킨스와 다렌백의 공동 연구에 따르면, 실제로도 암기를 끝내고 난 뒤 2시간 동안 잠을 자면 잠을 자지 않았을 때보다 2배 더 많은 양을 기억하고 8시간을 자게 되면 5배 많은 기억이 유지된다고 한다. 또한 잠을 충분히 자지 않은 상태에서 공부 시간을 늘리면 학습 내용이 장기기억으로 제대로 전환되지 못하기 때문에 밑 빠진 독에 물을 붓는 것과 다를 바 없다. 반드시 일정 시간 이상의 수면을 취하며 공부하길 바란다.

또한, 수면은 우리의 생명력 및 에너지와 큰 연관이 있다. 1980년대 미국 시카고 대학교에서 쥐들에게 잠을 못 자게 하는 실험을 했더니 2주 후 실험 쥐는 모두 죽었다. 모든 생명은 에너지를 소모하는 과정에서 피로가 쌓이게 되는데, 수면을 통해 충분히 피로를 해소하지 못하고 누적되게 되면 어느 순간 임계점을 넘겨 죽게 되는 것이다. 특히 뇌는 몸무게의 2%밖에 차지하지 않지만, 전체 에너지의 20%를 소모하는 기관이기 때문에 꼭 수면을 통해 낮에 쌓인 노폐물을 청소해야 한다.[95]

물론 '적정한 수면 시간'이 어느 정도인지는 사람마다 다를 수 있다. 미국 수면 재단의 연구에 따르면 성인 권장 수면 시간은 7~8시간 정도이며 학생들은 더 많은 수면 시간을 확보해야 한다. 하지만 대부분은 바쁜 일상으로 인해 해당 기준을 충족시키기가 쉽지 않다. 그래도 최소 6시간 이상의 수면시간은 유지할 수 있도록 하자.

과외를 하며 유난히 피곤해하는 학생들에게 수면 시간을 물어보면 하루에 4~5시간 정도 자는 경우가 많다. 아무리 잠을 줄여가며 공부를 하더라도 일상생활 중 집중이 흐트러지고 꾸벅꾸벅 존다면 말짱 도루묵이다. 차라리 밤에 좀 더 자고 낮에 더 집중해서 공부하는 것이 좋다. 또한, 며칠 동안 밀린 잠을 하루에 몰아서 자는 것보다 매일 규칙적으로 자는 것이 피로 해소에 효과적이므로 주중과 주말 모두 일정한 수면 패턴을 유지하기 바란다.[96] 평소 수면 시간을 많이 확보하기가 어렵다면 점심, 저녁 시간 및 쉬는 시간을 활용해 낮잠을 자는 것도 좋은 대안이 될 수 있다

04

수험생을 위한 '브레인 푸드' 12가지

'You are what you eat'

영미권에는 'You are what you eat'이라는 문장이 있다. '당신이 먹는 음식이 바로 당신이다'라는 뜻이다. 음식과 에너지는 떼려야 뗄 수 없는 불가분의 관계이며 우리 몸은 우리가 먹은 음식들로 구성된다. 회복력 전문가 에바 셀허브 박사는 뇌를 고성능 자동차에 비유하면서, 다음과 같이 설명하기도 했다.

"비싼 자동차처럼 뇌는 고급 휘발유를 넣었을 때 최상의 기능을 발휘한다. 비타민, 무기질, 항산화제가 많이 함유된 양질의 음식을 먹으면 뇌에 영양을 공급하고 세포 손상을 초래할 수 있는 활성산소로부터 뇌를 보호해준다."[97]

이처럼 좋은 식단과 건강한 뇌 사이에는 직접적인 연관성이 있다. 그러므로 뇌를 건강하게 관리하려면 자연이 제공하는 최상의 음식을 뇌에 공급해야 한다. 가속학습 전문가이자 『마지막 몰입』의 저자 짐 퀵이 제시한 '브레인 푸드(뇌에 좋은 음식)' 리스트는 다음과 같다.

아보카도, 블루베리, 브로콜리, 다크초콜릿, 달걀, 녹색 잎채소,
연어, 정어리, 캐비어, 강황, 호두, 물[98]

이 중 일반적인 학생 신분 기준으로 일상 속에서 쉽게 섭취할 수 있는 음식들과 이에 관한 설명은 다음과 같다.

1. 물

사람의 몸은 70%의 수분으로 이루어졌고, 뇌는 80% 이상이 수분이다. 피로감이 느껴질 때 대부분은 진짜 피로한 것이 아니라 우리 몸에 수분이 부족한 경우가 많다. 따라서 기상 직후와 일상생활 중 물을 많이 마셔서 몸에 충분한 수분 공급을 해주어야 한다. 하루 종일 물을 마시지 않거나 음료로 물을 대신하는 친구도 있는데 이는 정말 좋지 않은 습관이다. 의식적으로 물을 마시는 습관을 들이기 바란다. 처음에는 어색하게 느껴질지라도 몇 주만 노력하면 나중에는 자연스럽게 물을 찾게 된다. 내일부터 학교에 작은 물통을 가지고 가서 틈틈이 물을 마시는 습관을 들여보자.

2. 호두(견과류)

호두는 두뇌 건강에 좋기로 유명한 음식이며 지능에도 도움이 되는 것으로 알려져 임산부와 아이들도 많이 섭취한다. 요즘은 다양한 견과류를 한 봉지씩 포장하여 판매하는 상품도 많으므로 미리 구매해 두었다가 출출할 때 과자 대신 꺼내 먹기를 추천한다.

3. 다크초콜릿

평소 초콜릿 대신 '다크초콜릿'을 섭취하면 뇌 기능에 도움을 받을 수 있다. 물론 적당량만 섭취해야 한다.

4. 과일/채소

과일과 채소가 몸에 좋은 것은 상식이다. 요즘은 편의점에서도 샐러드와 과일을 손쉽게 구매할 수 있으니 매번 정크 푸드만 먹지 말고 가끔은 과일이나 채소를 구매하도록 하자.

5. 영양제

브레인 푸드 리스트에는 없지만, 영양제 섭취도 적극적으로 추천한다. 필수 영양분이 모두 포함된 '종합 영양제'와 피로 해소 및 에너지 생성에 도움을 주는 '비타민B'만 꾸준히 챙겨 먹어도 피로감이 훨씬 덜하다. 그 외에도 시중에서 쉽게 구할 수 있는 비타민C, 빈혈 증세 완화에 도움을 주는 철분, 장 건강에 좋은 유산균(프로바이오틱스) 등을 섭취하는 것도 체력 및 건강 관리에 도움이 된다.

학생들은 음식이나 건강에 관해 관심이 없는 경우가 많기에 쉬는 시간마다 매점에 가서 햄버거, 컵라면, 아이스크림, 과자 등 온갖 몸에 좋지 않은 음식을 자주 먹는다. 당장은 몸에 별 증상이 나타나지 않을 수 있지만 좋지 않은 식습관이 지속될 경우 체력과 정서 측면에서 모두 악영향을 받을 수 있으니 주의하도록 하자. 또한 잠을 깨기 위해 자주 마시는 고카페인 음료도 사람을 극도로 각성시키기 때문에 불안감을 증폭시키거나 깊은 수면을 취하지 못하게 하므로 섭취량을 잘 조절하기 바란다. 앞서 언급한 브레인 푸드 리스트를 참고하여 건강한 식습관을 가진다면 건강한 학창 시절을 보내는 데 큰 도움을 받을 수 있을 것이다.

05

감정 관리 방법

감정과 나의 관계

감정은 우리의 삶에서 한시도 떨어질 수 없는 동반자와도 같다. 즐거움, 분노, 걱정, 두려움, 평온 등 각기 다른 형태로 우리를 따라다닌다. 감정을 제대로 이해하고 관리하지 못하면 여러 감정에 지배당하므로 공부나 일에 제대로 집중할 수 없다.[99]

실제로 우울한 감정 상태가 지속되면 기억력, 인지력, 판단력 측면에서 공부에 악영향을 준다. 반대로 긍정적인 정서를 유지하면 '세로토닌'이 분비되기에 공부 효율이 높아진다. 이처럼 안정적인 감정 상태에서 더 능률적으로 학습하고 더 좋은 결과물을 얻을 수 있으므로 우리는 늘 긍정적인 감정을 유지하도록 노력해야 한다.

그러나 감정이 항상 일정한 상태에 머물러 있는 것은 아니다. 해가 떴다가도 다음 날이면 폭우가 쏟아지는 날씨처럼 감정 역시 시시때때로 변화가 일어난다. 이처럼 변화무쌍한 감정을 두고 『행복의 가설』의 저자 조너선 하이트는 "감정은 코끼리이고, 이성은 코끼리에 올라탄 기수이다"라고 언급하기도 했다. 감정은 자기 멋대로 날뛰고 싶어하는 코끼리이며, 이를 이성으로 통제해야 함을 비유한 표현이다.

실제로 감정 문제를 처리할 때는 이성적 사고를 해야 한다. 이성을 적절히 활용한다면 아주 기쁘거나 아주 슬플 때도 감정에 너무 파묻히지 않고, 긴급 상황이 발생해도 태연하게 대처할 수 있으며, 분노나 괴로운 감정이 생겨도 이를 적절히 해소할 수 있다.

감정에 대한 이성적 판단을 위해서는 여러 가지 분석 도구를 활용해보는 것이 좋은데, 대표적인 도구로는 심리학자 로버트 플루치크의 '감정의 바퀴 모델'이 있다.

감정의 바퀴 모델이란?

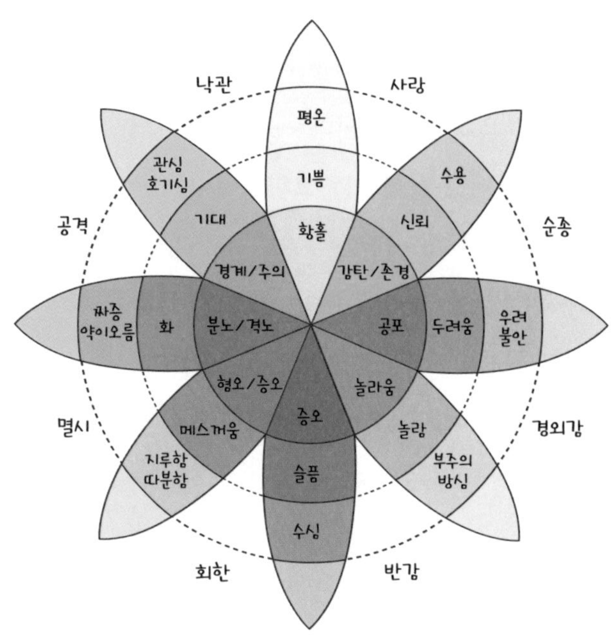

'감정의 바퀴 모델'은 인간의 감정을 체계적으로 정리해 시각화한 모델로, 인간의 기본 감정 8가지(두 번째 원에 해당. 기대, 기쁨, 신뢰, 두려움, 놀람, 슬픔, 메스꺼움, 화)와 이 감정들에서 파생된 차등의 감정이 나열되어 있다. 색이 진할수록 더 강도가 짙은 감정이라고 할 수 있다. 기본 감정 주위에는 이중감정이 위치하고 있으며 여덟 가지 기본 감정을 조합해서 나올 수 있는 이중감정은 다음과 같다.

- 기대 + 기쁨 = 낙관
- 신뢰 + 공포 = 순종
- 놀람 + 슬픔 = 반대
- 혐오 + 분노 = 멸시
- 기쁨 + 신뢰 = 사랑
- 공포 + 놀람 = 경외감
- 슬픔 + 혐오 = 회한
- 분노 + 기대 = 공격

또한, 반대되는 위치에 있는 감정은 상반되는 감정이다. 우리는 이 표를 기반으로 나의 감정을 명확히 인식할 수 있다. 그리고 명확한 인식을 기반으로 감정을 적극적으로 통제할 방법도 찾을 수 있다. 다음 순서에 맞춰 감정을 분석해보자.[100]

1. 감정 인식: 나는 지금 어떤 감정 상태에 놓여 있을까?
   8개의 기본 감정 중 하나일까, 더 복잡한 이중감정일까?

2. 원인 분석: 왜 나에게 이런 감정 반응이 나타날까?
   내가 원하는 것은 무엇인가?

3. 자기 이해: 감정을 어떻게 해소/해결할 수 있을까?

수험생을 위한 마음 챙김

다음으로 고대 불교에서 유래된 마음 챙김(Mindfulness) 방법도 살펴보자. '마음 챙김'은 정념, 자기조절방법이라고도 불리며, 지금은 서양에서 널리 수용되어 '심리훈련 치료요법'으로 발전되었다. 마음 챙김의 3대 요소는 다음과 같다.

① 의식적으로 알아차리기

여러분은 기쁨, 슬픔, 우울이 느껴지면 이를 알아챌 수 있는가? 의식적 알아차리기를 통해 감정을 발견하고, 서로 다른 감정의 성질을 이해할 수 있으며, 감정에 대해 심도 있는 탐색이 가능해진다. 이 과정에서 우리는 감정이 심리와 행동에 어떤 영향을 미치는지 알 수 있고 더 합리적인 감정 관리법을 찾는 데도 도움을 얻을 수 있다.

② 현재에 집중하기

과거에 얽매이지 않고 미래를 두려워하지 않으면 최고의 감정 상태를 유지할 수 있다. 마음 챙김은 과거도, 미래도 아닌 현재에 머무는 마음가짐을 의미한다. '지난 시험에서 ㅇㅇ등을 하지 못했어', '수능은 꼭 1등급을 받아야 해'라며 과거와 미래에 집착하는 대신 현재에 집중하는 태도를 지녀 보자.

③ 주관적 판단하지 않기(감정 배제)

주관적 판단 배제하기란 현재의 모든 것에 대해 어떤 판단이나 분석도 하지 않고 단지 인식하는 행위를 의미한다. 혹시 '바넘효과[101]'라는 말을 들어본 적이 있는가? 사람들이 일반적이고 모호하면서 널리 쓰이는 형용사로 묘사된 자신의 성격을 정확히 본인을 설명한 것으로 인식하는 현상을 나타내는 용어인데, 우리가 주관적으로 판단을 내릴 시 얼마나 쉽게 오류를 범할 수 있는지 잘 보여준다.

무엇보다 사람은 일단 주관적인 판단을 하게 되면. 자신의 관점을 증명하기 위해 각종 증거를 찾아내는 경향이 있다. 설령 전혀 상관이 없는 증거라 할지라도 자기 생각에 완전히 맞아떨어질 때까지 연결고리를 찾아낸다. 그러나 이 경우 객관적 증거가 존재하지 않는 경우가 허다하다.

따라서 평소 '저 친구는 나 때문에 화났을 거야', '난 머리가 나빠서 공부와는 안 맞아'와 같은 자신의 막연한 생각과 느낌에 사로잡히지 말자. 마음 챙김을 통해 주관적 판단을 하지 않고 편견을 내려놓으면 객관적 사물 인식이 가능해진다.[102]

열등감과 두려움을 다루는 법

수험생이 경험하기 쉬운 부정적 감정으로는 '열등감'과 '두려움'이 있다. 다행히도 해당 감정들을 잘 분석하고 다스린다면 인생을 성장시키는 도구로 활용할 수 있다.

먼저 열등감을 살펴보자. 열등감이란 다른 사람에 비해 뒤떨어졌다거나 능력이 없다고 생각하는 만성적 감정, 의식을 뜻한다. 매일매일 좁은 공간에서 많은 친구들을 마주치고 서로 간의 등수가 명확히 나오는 입시 과정을 겪다 보면 여러 원인으로 인해 열등감의 감정을 느낄 수 있다. 열등감은 자존감을 무너뜨리고 자신에게 온전히 집중하지 못하게 만드는 굉장히 소모적인 감정이다. 이전에 열등감의 감정을 느껴본 적 있는 사람이라면 그 고통스러움에 공감할 것이다.

하지만 우리가 느끼는 모든 감정은 저마다 용도가 있기에 지금까지 진화 과정을 통해 유지되어 올 수 있었다. 열등감의 경우 상대방보다 우위에 설 수 있도록 돕는 동인으로 작용함으로써 개인의 생존을 유리하게 도와 왔다. 그러니 어떠한 면에서든 누군가에게 열등감이 느껴지면 앞으로는 이를 발전의 동력이자 목표의 방향성을 알려주는 지표로 삼아야 한다. 상대방을 끌어내리는 대신 자기계발을 통해 나를 더 나은 사람으로 만들 수 있도록 하자. 열등감을 건강하게 활용하면 성장의 촉매제로 활용할 수 있다.

다음으로 '두려움'이라는 감정을 분석해보자. 수험 생활 중 시험과 미래에 대한 막연한 두려움을 느끼는 경우가 상당히 많은

데, 두려움이 느껴질 때 감정을 곧이곧대로 받아들이기보다는 반드시 이성적인 사고 과정을 거칠 수 있길 바란다. 특히 두렵게 느껴지는 상황과 생각에 대해서 글을 통해 '시각화'해 보는 과정은 감정을 완화하는 데 큰 도움을 줄 수 있다. 노트를 꺼내 지금 나를 두렵게 요인들이 무엇인지, 실패했을 시 최악의 상황은 무엇인지 정리하는 시간을 가져보자. 이를 통해 걱정거리의 실체를 직면하고 최악의 상황에 대비할 수 있다. 생각을 글로 정리하는 것은 우리가 생각하는 것보다 훨씬 더 큰 효과를 지닌다.

미국의 심리학자이자 『느리게 사는 즐거움』의 저자 어니 젤린스키에 따르면 걱정의 40%는 현실에서 절대로 일어나지 않을 일, 30%는 이미 일어난 일, 22%는 사소한 일 그리고 4%는 자신의 힘으로 바꿀 수 없는 일이라고 한다. 즉, 96%는 걱정할 필요가 없는 것들이다. 우리가 더 깊이 생각함으로써 해결할 수 있는 일은 4%에 불과하다. 따라서 두려움을 만드는 걱정거리에 관해서는 적정선에서 무시하는 지혜가 필요하다.

그리고 두려움도 열등감과 마찬가지로 우리에게 필요한 감정임을 자각하자. 만약 인류가 아무런 두려움을 느끼지 않았다면 미래를 적절히 대비하지 않아 생존 확률이 매우 낮아졌을 것이다. 단, 현대 사회에서는 맹수가 생존을 위협하거나 식량이 부족해 굶어 죽을 걱정을 하지 않아도 되므로 과도한 공포감에 압도될 필요는 전혀 없다.

위에서 소개한 다양한 방식을 통해 자신의 감정을 잘 해석하고 관리하면 항상 즐겁고 긍정적인 태도를 유지할 수 있다. 이는 심신의 건강 및 주변 사람들과의 관계에도 좋은 영향을 끼친다. 반면, 일상에서 쌓인 스트레스를 적절히 해소하지 못하고 부정적 감정을 억누르기만 한다면 어느 순간 폭발해 버리거나 우울증, 공황장애 등의 심인성(병이나 증세가 정신적, 심리적 원인으로 생기는 특성) 증상이 발현될 수 있기 때문에 항상 주의를 기울이도록 하자.

06

스트레스에 관한 오해

흔히 스트레스는 만병의 근원으로 불리며 부정적으로 인식된다. 하지만 스트레스는 그 자체로 나쁜 것은 아니다. 우리가 소풍 전날에 느끼는 흥분, 놀이기구를 타기 직전에 느끼는 긴장도 일종의 스트레스다. 게다가 여러 연구결과에 따르면 스트레스가 아예 없는 것은 아주 심한 것과 마찬가지로 학업 성취도에 부정적인 영향을 준다.

반면 적당한 스트레스는 해마 내에서 기억력을 강화하는 아크 단백질과 FGF2로 하여금 새로운 뉴런을 만들어내게 해 학습 효과를 촉진한다. 쥐를 대상으로 한 실험결과에서도 스트레스를 받은 쥐는 그렇지 않은 쥐보다 기억력 향상에 도움을 주는 해마 부위 세포가 증가했다.[103]

미국 스탠퍼드 대학 심리학 교수 켈리 맥고니걸의 연구결과에 따르면 스트레스를 받은 사람 중 스트레스가 건강에 해롭다고 믿은 사람들만이 사망할 위험성이 증가했다고 한다. 다시 말해 스트레스에 관해 부정적으로 인식하지 않는 사람은 스트레스가 건강에 아무런 악영향을 주지 못했다.[104]

흔히 스트레스를 받으면 나타나는 증상인 '호흡이 가빠지고, 심장이 빨라지는' 증상들 역시 온몸에 에너지를 빠르게 공급해 우리가 상황에 잘 대처하도록 돕기 위한 증상일 뿐이다. 이는 자연스러운 신체 현상으로, 앞으로 시험이나 발표를 앞두고 이런 증상이 나타나더라도 '스트레스가 내 공부를 도와주는 중이구나'라고 생각하고 편안하게 수용하길 바란다. 스트레스는 적절히 관리만 된다면 학습 효율을 극대화할 수 있는 수단으로 활용될 수 있다.[105]

07

긴장 완화를 위한 자율 이완법

그럼에도 시험을 앞두고 자꾸만 긴장감이 느껴져 이를 이완하고 싶다면 어떻게 해야 할까? 독일의 정신과 의사인 요하네스 하인리히 슐츠에 따르면 '자율이완법'의 실시를 통해 신체와 정신에 깊은 휴식과 이완을 가져올 수 있다.

이 방법은 독일의 대뇌 생리학자인 오스카 후옥트가 진행한 연구에서 영향을 받은 것으로, 최면 상태에서 사람들이 공통으로 느끼는 느낌 – 팔다리가 무겁다, 따듯한 느낌이 든다 – 를 활용한 방식이다. 자율 이완법은 크게 다음 3가지 연습을 포함한다.

1) 중량감 연습: 나의 팔이 무겁다.

2) 온감 연습: 나의 팔이 따뜻하다.

3) 침착성 연습: 호흡과 함께 "편안하다", "고요하다", "침착하다" 등을 반복해서 말한다.

구체적인 이완 방법은 다음과 같다.

1) 편안하게 앉거나 누운 자세에서 양발을 어깨너비로 조금 벌리고 눈을 감은 후 2~3회 길게 심호흡을 한다.
2) 오른팔을 의식한다. '내 팔이 무겁다'라고 마음속으로 되뇐다. '나는 완전히 편안하다'라고 마음속으로 되뇐다.
3) 왼팔도 똑같이 진행한다.
4) 오른쪽 다리를 의식한다. '내 다리가 무겁다'라고 마음속으로 되뇐다. '나는 완전히 편안하다'라고 마음속으로 되뇐다.
5) 왼쪽 다리도 똑같이 진행한다.
6) 심장을 의식한다. '내 심장이 편안하고 규칙적으로 뛴다'라고 마음속으로 되뇐다. '나는 완전히 편안하다'라고 마음속으로 되뇐다.
7) 호흡을 의식한다. '내 호흡이 고요하고 편안하다'라고 마음속으로 되뇐다. '나는 완전히 편안하다'라고 마음속으로 되뇐다.
8) 복부를 의식한다. '내 배가 따뜻하다'라고 마음속으로 되뇐다. '나는 완전히 편안하다'라고 마음속으로 되뇐다.
9) 이마를 의식한다. '내 이마가 시원하다'라고 마음속으로 되뇐다. '나는 완전히 편안하다'라고 마음속으로 되뇐다.
10) 이완감과 편안함을 잠시 음미하고 천천히 마무리한다.[106]

이와 같은 자율 이완법은 피로, 긴장, 우울감의 해소뿐 아니라 기분 고양 및 자기성찰력을 증대하는 데 큰 효과가 있는 것으로 알려져 있다. 또한 몸이 완전히 이완된 상태에서 자신이 원하는 미래의 모습이나 목표 등을 떠올려 본다면, 더 효과적으로 무의식에 새길 수 있다.[107]

08

그럼에도 입시는 '전략'이 중요하다

지금까지 효과적인 학습 방법과 마인드에 관한 내용을 총 9단원에 걸쳐 살펴보았다. 해당 내용을 여러 번 읽어보고 실천한다면 여러분의 성적은 드라마틱하게 상승할 수 있을 것이다. 그러나 대입에서 좋은 결과를 내기 위해서는 학습법을 교정하는 것만으로는 부족하다. 최근 여러 대학에서 다양한 선발 제도를 도입하고 있는 만큼 자신에게 맞는 체계적인 입시 전략 수립과 이에 따른 꾸준한 준비가 함께 병행되어야 한다.

특히 내신과 수능 성적에 따른 정량 평가가 아닌 진로와 전공에 관한 학생의 열정과 발전 가능성을 기준으로 학생을 선발하는 '학생부 종합 전형(이하 학종)'의 경우 그 준비 여부에 따라 얼마든지 자신의 성적 이상의 상위권 대학에 합격할 수 있는 열쇠가 되어줄 수 있다. 책의 뒷부분에 별책부록으로 마련한 '대학 입시, 20분 만에 완벽 마스터!'의 내용을 잘 활용하여 수시 준비에 도움을 얻을 수 있기를 바란다.

지금까지 소개한 모든 학습 전략과 입시 전략이 합쳐져 여러분이 꿈을 향해 나아가는 발판이 되기를 희망한다. 모두의 앞날에 행운이 깃들어 있길 기원한다!

[부록]

대학 입시, 20분 만에 완벽 마스터!

Part 1. 입시 기초 용어 총정리

'입시 준비가 너무 어려워요.'

'뭐가 뭔지 하나도 모르겠어요.'

많은 학생들이 입시 준비에 있어 각종 전형과 용어들을 이해하는 데 어려움을 겪곤 한다. 학교에서는 입시를 체계적으로 알려주지 않을 뿐더러, 공부만 하기에도 벅찬 상황에서 생전 처음 보는 전문 용어들까지 이해해야 하니 머리가 아픈 것이 당연하다.

이번 코너에서는 입시를 치르는 학생이라면 무조건 알아야 할 필수 용어들을 정리해보았다. 대학 입시가 막막하게 느껴지는 고등학교 1, 2학년 학생들부터 자신의 미래를 일찍이 설계해 나가고 있는 중학생들까지 모두에게 큰 도움이 될 내용이니 꼼꼼히 읽어보고 용어에 익숙해질 수 있길 바란다. 용어만 제대로 알아도 입시가 한결 편안하게 느껴질 것이다.

〈반드시 알아두어야 할 입시 용어 10가지〉

- 수시 모집: 대학이 자율적으로 기간과 모집 인원을 정해 정시 모집에 앞서 신입생을 선발하는 방식이다. 대표적인 수시 전형으로는 '학생부 교과 전형'과 '학생부 종합 전형'이 있으며, 총 6회까지 지원할 수 있다. 수시 합격 시 정시 전형 지원은 불가하다.

- 정시 모집: 일정한 기간 동안 모든 대학이 신입생을 선발하는 방식으로 대체로 수능 성적 중심으로 선발한다. 모집군(가, 나, 다군)별로 한 군데씩, 총 세 곳의 대학에 지원할 수 있다. 동일 군 내에서는 중복 지원이 불가능하다.

- 학생부: 고등학교 3년간의 학교생활을 기록한 서류로, '학생 생활기록부'를 줄여서 부르는 말이다. '생기부'라고도 부른다. 학생부에는 내신 성적과 선생님의 평가 등이 기록된다.

- 전형: 학생을 선발하는 방식을 일컫는다. 선발 기준에 따라 앞에 붙는 말이 달라지는데 흔히 '수시 전형, 정시 전형, 학생부 종합 전형' 등의 용어로 쓰인다.

- 학생부 교과 전형: 개별 학교의 내신을 '정량적'으로 평가하는 방식으로, 내신이 높을수록 유리한 전형이다. 간단히 생각해 1등급이 많을수록 유리한 전형이라고 할 수 있다.

■ 학생부 종합 전형(학종): 학생부에 기록된 모든 내용을 토대로 학생을 종합적으로 평가하는 '정성적' 평가 방식이다. 줄여서 '학종'이라고도 부른다. 현재는 '학종시대'라고 불릴 만큼 상위권 대학의 학생부 종합 전형 모집 비율이 매우 높다.

■ 교과: 국어, 영어, 수학과 같은 모든 과목의 '내신 성적' 및 '등급', 그리고 '과목별 세특(선생님들의 코멘트)'을 의미한다.

■ 비교과: 교과에 해당하지 않는 창의적 체험 활동(자율 활동, 동아리 활동, 봉사 활동, 진로 활동)을 의미한다. 교내대회, 전시회 등이 포함된다.

■ 세특: '세부 능력 및 특기 사항'의 줄임말이다. 학생부의 '교과학습 발달상황' 항목에 내신 성적과 함께 기록된다. 교과목 담당 교사가 한 학기 수업 시간 동안 '학생의 태도, 수업 참여도, 학업적 우수성' 등을 관찰하고 기록한 결과물이며, 학생부 종합 전형에 있어 학생의 활동을 평가할 수 있는 가장 중요한 항목으로 활용된다.

■ 자소서: 자기소개서의 줄임말로, 각 대학에서 요구하는 서류 중의 하나이다. 자신의 성장 배경과 경험을 바탕으로 왜 자신이 대학의 해당 학과에서 공부하려고 하는지 설명하는 글이다.

〈이것까지 알면 입시 고수! 알아두면 좋은 용어 14가지〉

■ 이수 단위 / 단위 수: 일주일에 해당 과목을 몇 시간 수업하였는지를 의미한다. 일반적으로 단위 수가 높은 주요 과목일수록 평가 반영 비중이 높다.

■ 추가 모집: 수시 모집과 정시 모집이 끝난 후 충원하지 못한 인원을 선발하는 전형이다.

■ 전형 요소: 수능 성적, 학생부 교과 성적, 학생부 종합 평가, 교과 평가, 서류 반영 등 합격자를 선발할 때 활용하는 자료를 뜻한다.

■ 전형 요소별 반영 비율: 전형 총점에 반영되는 전형 요소별 배점 비율이다.

ex) 학생부 교과 60 + 면접 20 + 서류 20 → 학생을 뽑을 때 교과 성적을 60%, 면접 점수를 20%, 학생부 등 서류에 대한 정성적 평가를 20% 반영한다는 의미

■ 일괄 합산 전형: 지원자 전체를 대상으로 전형 요소를 모두 합산해 총점 성적에 따라 선발하는 형식이다.

ex) 학생부 교과 80 + 면접 20 → 학생부 교과와 면접을 합산해서 100점 만점으로 학생을 선발한다는 의미

■ 단계별 전형: 전형 방법을 단계별로 설정하고, 각 단계에서 전형 요소들의 합산 성적을 통해 합격자를 선발하는 방식이다.

ex) 1단계 – 학생부 교과 100 (3배수) / 2단계 – 학생부 교과 70 + 면접 30 → 1단계에서 학생부 교과 성적만으로 3배수를 하고, 선발된 학생을 2단계에서 학생부 교과 70과 면접 30의 비율(혹은 점수)로 선발한다는 의미

■ 원점수: 가공되지 않은 원래 점수를 의미한다. 100점 만점에 92점을 받았다면 92점이 원점수이다. 수능의 원점수는 수능 성적표에는 기재되지 않으며 표준 점수와 백분위 그리고 등급만 기재된다.

■ 표준 점수: 영역/과목 간의 난이도 차이를 보정하기 위해 원점수를 변환한 점수이다. 해당 수험생의 상대적인 위치나 성취 수준을 나타내기 위해 사용된다. 평균 점수보다 내 점수가 높을수록, 과목의 평균이 다른 과목에 비해 낮을수록 표준 점수가 높아진다.

■ 백분위: 전체 수능 응시자 중에서 내 점수보다 낮은 점수의 수험생이 얼마나 많은지 나타내는 점수이다. 백분위가 높을수록 나보다 낮은 점수의 학생이 많다는 뜻이다.

ex) 백분위가 94이라면 전국 학생 중 94%가 나보다 점수가 낮다는 뜻

■ 석차 백분율: 내신 성적을 백분율, 즉 %로 표시한 것으로 100명 중에 10등을 했다면 석차 백분율은 10%라고 말한다.

■ 수능 최저 등급(최저 학력 기준): 학생부나 논술로 학생을 선발하는 전형 방식일지라도 상위권 대학에서는 수능 성적이 일정 수준 이상일 것을 요구하는데, 이를 수능 최저 등급이라고 한다. 특정 영역의 등급 합으로 표시하거나 특정 영역의 등급으로 표시한다.

ex) 국/수/영/탐(2과목) 중 3개 영역 등급 합 5, 한국사 4등급 → 4개의 영역(국어, 수학, 영어, 탐구 2과목의 평균)에서 3개 영역의 수능 등급을 합해서 5 이내여야 하고, 한국사 등급이 4등급 이내이면 합격의 조건을 달성함

■ 수시 이월 인원: 대학별로 '수시 모집'에서 선발하기로 했던 인원을 일부 선발하지 못했을 경우에 해당 인원만큼 '정시 모집'으로 이월시키는 인원을 뜻한다.

■ 내신 반영 비율: 수시에는 고등학교 1학년 1학기~3학년 1학기까지의 내신이 반영된다. 대학에 따라 내신을 학기별로 20%씩 반영하기도 하고, 학년이 올라갈수록 높은 비율을 반영하기도 하는데 (예시: 고1 20%, 고2 40%, 고3 40%) 이를 '내신 반영비율'이라고 한다.

■ 등급: 내신과 수능의 성적 표기 방식. 점수가 좋은 순으로 1~9등급까지 있으며 각 등급의 비율은 다음과 같다.

등급	등급비율	누적비율
1	4%	~4%
2	7%	~11%
3	12%	~23%
4	17%	~40%
5	20%	~60%
6	17%	~77%
7	12%	~89%
8	7%	~96%
9	4%	~100%

다음으로 대입 전형의 전반적 구성을 살펴보자. 많은 학생이 대입 전형은 너무 복잡하다고 생각하고 지레 겁을 먹는데, 사실 표면적인 변화가 잦을 뿐 기본적인 구조는 거의 동일하다. 현 시점 모든 대학 전형들은 크게 다음과 같이 분류될 수 있다.

대입 전형	정시	
	수시	학생부 종합 전형
		학생부 교과 전형
		논술 전형
		기타: 기회균등 전형, 특기자 전형, 실기 전형 등

(참고: '논술 전형'과 '특기자 전형'은 지금도 선발 인원이 매우 적은 편이지만, 2024학년도 대입에서는 완전히 없어지거나 사실상 폐지에 가깝게 선발 인원이 줄어들 예정이다. 따라서 앞으로의 대입 전형은 '정시 전형,' '학생부 교과 전형,' '학생부 종합 전형' 3가지로 확정된다고 봐도 무방하다.)

대입 전형은 크게 '정시'와 '수시'로 나누어진다. 그리고 수시는 다시 '학생부 종합 전형, 학생부 교과 전형, 논술 전형' 등으로 나누어진다. 예전에는 대학별로 수시 전형에 개별적인 명칭을 사용하여 학생들이 어떤 전형인지 파악하는 데 어려움을 겪기도 하였으나 2020년부터 전형 명칭이 통일되며 '학생부 종합(네오르네상스)'과 같은 형태로 표기되고 있다. 전형 파악이 훨씬 쉬워진 것이다.

전형에 따른 선발 비중도 함께 살펴보면, 먼저 '수시'의 비율은 항상 '정시'의 비율보다 높게 유지되고 있다. 심지어 2020년에는 전체 신입생 선발 인원의 약 20%를 정시로, 80%를 수시로 뽑았으며(서울 주요 15개 대학 기준으로는 약 30% 정시, 70% 수시) 그나마 2021년부터는 〈2022 대입 제도 개편〉으로 인해 정시의 비중이 다소 확대되어 정시로 약 22%, 수시로 약 78%의 신입생을 모집하였다. (서울 주요 15개 대학 기준으로는 약 40% 정시, 60% 수시)

그렇다면 '나'는 어떤 전형을 준비해야 할까? 결론부터 말하자면 '정시와 수시를 둘 다 준비하는 것'을 추천한다. 확률 싸움인 입시에서는 총 9장의 카드(수시 6군데, 정시 3군데)를 모두 잘 활용하는 것이 가장 현명한 방법이다. 특히 N수생(수능을 2번 이상 친 학생)이 아닌 현역(고등학교에 재학 중인 학생들) 수험생들에게 '정시 올인'은 별로 좋은 전략이 아니다. 통계적으로 정시에서는 N수생들이 매우 강세를 보이기 때문이다.

안타까운 점은 많은 학생이 저학년 때 1~2등급의 내신이 나오지 않았다는 이유로 지레 수시를 포기한다는 점이다. 이것은 크나큰 오해이다. 내신이 정량적으로 평가되는 '학생부 교과 전형'에서는 내신 성적이 절대적으로 중요한 것이 맞지만, 성적 외에도 '학교생활 기록부'와 '자기소개서' 그리고 '면접' 점수를 종합적으로 평가하는 '학생부 종합 전형'을 통해서라면 노력 여하에 따라 부족한 내신을 충분히 만회할 수 있다. 학생부 종합 전형은 기본적으로 '학교와 학과에 가장 적합한 인재를 선발하겠다'는 취지로 개설된 전형이기 때문이다. 심지어 1, 2학년 때 낮았던 성적을 향상시킨 과정 자체가 평가에 긍정적으로 작용할 수도 있다.

따라서 자신의 내신이 조금 부족하다고 생각된다면 적극적으로 학생부 종합 전형을 준비하기를 권한다. 또한, 내신 경쟁이 치열한 명문 고등학교에 진학 중인 학생의 경우 '등급 나눠 먹기 현상'으로 인해 상대적으로 내신이 불리한 경우가 많지만 '학교의 다양한 프로그램'이 학생부 종합 전형에서는 큰 장점으로 작용할 수 있기에 반드시 해당 전형을 준비해서 노려보길 바란다.

2021년 기준 서울 주요 대학 15곳에서 학생부 종합 전형으로 선발하는 신입생 인원은 전체의 36%에 달했다. 이는 수시의 36%가 아닌 전체 인원의 36%로, 실로 어마어마한 비율이다. 심지어 서울대는 전체 선발 인원의 70%를 학생부 종합 전형으로 선발하고 있다. 만약 여러분의 내신이 아주 높지 않더라도 학생부 종합 전형을 잘 활용하면 얼마든지 수시에서 정시 이상의 성과를 거둘 수 있다. 내신 성적 관리 및 정시 대비도 열심히 하되 학생부 종합 전형도 함께 준비할 수 있도록 하자. 그렇다면 해당 전형은 어떻게 준비해야 할까? Part 3에서 살펴보자.

학생부 종합 전형에 대한 올바른 이해와 성실한 준비가 병행되기만 한다면, 누구나 해당 전형으로 대학에 진학할 수 있다. 학생부 종합 전형은 아무런 기준도 없이 운에 모든 것을 맡겨야 하는 '깜깜이 전형'이 아니며 분명한 평가 기준이 존재한다. 입학 사정관과 교수님들도 해당 기준을 토대로 우수한 학생을 선발한다. 먼저 학생부 종합 전형을 위해 준비해야 할 서류는 다음 2가지이다.

- 학생 생활기록부
- 자기소개서

위 2가지 서류만 준비하면 되며, 2022년 기준 고2 학생들부터는 대입 자기소개서 폐지로 인해 '학생부' 준비에만 노력을 기울이면 된다. 그렇다면 서류를 통해 드러내야 하는 역량에는 무엇이 있을까? 학생부 종합 전형에서 요구하는 역량은 크게 4가지로 나눠볼 수 있다.

〈학생부 종합 전형 평가의 4요소〉

학생부 종합 전형 평가요소는 크게 '학업 역량, 인성, 전공 적합성, 발전가능성' 4가지로 구분할 수 있다.

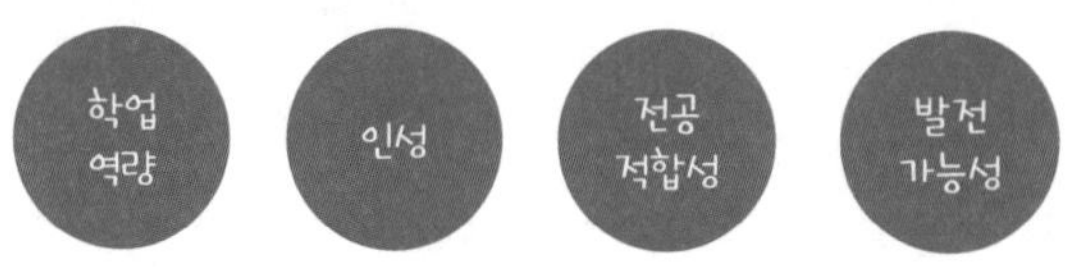

① 학업 역량

먼저 '학업 역량'은 학업 성취도, 학업 태도와 의지, 탐구 활동 등으로 나눠볼 수 있는데, 해당 항목의 경우 기본적으로 내신 성적을 바탕으로 한 정성 평가가 이뤄진다. 학생의 성적 변화 추이, 과목의 등급 컷, 심화 과목 이수 여부, 수업에 참여하는 태도 및 탐구 의지 등 다양한 요소를 종합적으로 고려하며, 2015 개정 교육 과정 이후로 선택 과목 제도가 시행되면서 '과목 선택'도 평가에 반영되게 되었다.

② 인성

두 번째 요소인 '인성'은 단순히 착하다는 뜻이 아니다. 다양한 상황에서 일관되게 드러나는 학생의 특성을 통해 학생만의 캐릭터를 보여주는 것이 중요하다. '협업 능력, 나눔과 배려, 도덕성, 성실성, 소통 능력' 같은 요소가 해당할 수 있으며 실제 사례를 통해 구체적으로 서술하는 것이 좋다.

③ 전공 적합성

'전공 적합성'은 전공 관련 교과목 이수 및 성취도, 전공에 관한 관심과 이해, 전공 관련 활동과 경험을 통해 드러낼 수 있다. 활동의 경우 고등학교에서 배우는 과목이 한정되어 있기에 무조건 '희망 전공'과 밀접한 활동을 해야 한다고 생각할 필요는 없다. 이 경우 활동의 범위가 지나치게 제한될 수 있기 때문이다. 활동명에 집착하기보다는 전공의 속하는 '계열'에 적합한 역량을 잘 보여주는 것에 초점을 맞추자.

④ 발전 가능성

마지막으로 중요한 평가 요인은 '발전 가능성'이다. 대학은 회사와 달리 교육 기관이기에 비록 현재의 능력은 조금 부족하더라도 앞으로 발전 가능성이 있고 교육할 가치가 있는 학생을 뽑으려 한다. 따라서 학생부와 자기소개서를 통해 자신의 능력뿐 아니라 '발전 가능성'을 적극적으로 드러낼 수 있어야 한다.
물론 단순히 '잠재력이 뛰어난 학생'이라고 언급하기만 해서는 아무 소용이 없으며 반드시 타당한 근거를 함께 제시해주어야 한다. 학생의 자기주도성, 경험의 다양성, 리더십, 창의적 문제 해결력 등이 드러나는 사례를 제시한다면 큰 도움이 된다. 또한 학교나 지역 사회의 문제점을 찾고 고민하는 과정을 통해 '성장하는 학생'의 모습을 보여줄 수도 있다.

학생부 종합 전형에서는 위 4가지 요소를 학생부의 다양한 항목을 통해 유기적이고 반복적으로 드러내는 것이 중요하다. 또한 학년이 올라감에 따라 학생이 발전하고 성장하는 모습을 드러내는 것도 긍정적인 평가를 받는 데 중요한 요인이 된다. 이처럼 '종단적, 횡단적'으로 모두 완성도 있는 학생부를 완성한다면 원하는 학과의 합격 확률이 매우 높아질 것이다.

고등학교 3년간의 학교생활이 기록되는 서류이자, 학생부 종합 전형의 중요한 평가 기준이 되는 학생 생활기록부(이하 학생부)의 구성 요소를 살펴보자. 먼저 학생부는 다음과 같은 항목들로 구성되어 있다.

	항목
1	인적/학적 사항
2	출결 사항
3	수상 경력
4	자격증 및 인증 취득 사항
5	창의적 체험 활동(자율 활동, 동아리 활동, 진로 활동. 봉사 활동 실적)
6	교과 학습 발달 사항
7	독서 활동 사항
8	행동 특성 및 종합 의견

이 중 학생부 종합 전형 대비를 위해 신경 써야 할 문항은 다음과 같다.

▶ 2022년 기준 고3 학생 (5개 항목)

→ 수상 경력, 창의적 체험 활동, 교과 학습 발달 상황, 독서 활동 상황, 행동 특성 및 종합 의견

▶ 2022년 기준 고2, 고1 학생 (3개 항목)

→ 창의적 체험 활동, 교과 학습 발달 상황, 행동 특성 및 종합 의견(수상 경력, 독서 활동 상황 항목 폐지)

항목별 기재 노하우는 아래와 같다.

1. 수상 경력

교내 수상 경력이 기재되는 칸이다. 기존에는 모든 수상 실적을 기록할 수 있었지만 2021년부터 '학기별 1개씩, 최대 6개까지' 기록할 수 있게 변경되었다. 여러 개의 상 중 하나를 선택해야 하는 경우 '학업 역량'과 '전공 적합성'을 잘 드러낼 수 있는 수상을 기록하는 것이 좋다. 가령 탐구 발표 대회, 경시대회의 경우 학생의 역량을 직접 드러낼 수 있기에 좋은 평가를 받을 확률이 높다. 만약 자기소개서가 없는 전형에 지원할 경우 수상명을 통해서 어떤 대회인지 알 수 없는 상은 기재하지 않는 것이 좋다.

2. 창의적 체험 활동

창의적 체험 활동은 '자율 활동, 동아리 활동, 봉사 활동, 진로 활동'으로 나누어지며, 교과 성적만으로 보여줄 수 없는 학생의 다양한 모습과 전공에 대한 흥미를 드러낼 수 있어 학생부 종합 전형의 중요한 항목이다. 최대 1,700자(자율활동 500자, 동아리활동 500자, 진로활동 700자)까지 기재 가능하며 1년에 한 번, 한 학년이 마무리되는 시점에 기록된다. 각 활동을 하나씩 분석해보자.

(1) 자율 활동

먼저 자율 활동은 수학여행, 교내 특강, 체육대회, 학교 축제, 안전교육, 학급 활동 등 학교 공식 행사가 주로 기록되는 항목으로, 창체 기록 중 가장 앞부분에 위치하기에 학생에 대한 긍정적인 첫인상을 형성할 수 있다. 하지만 학생들끼리 기록이 유사해지기도 쉬운 파트이기도 하므로 학생만의 느낀 점이나 성과를 보여줄 수 있도록 주의를 기울여야 한다. 좋지 않은 기록의 예시는 다음과 같다.

- 입학식을 통해 학교생활의 초석을 다짐
- 학급 정,부회장 선거에 참여하여 임원을 선출함

이는 전교생에게 동일하게 적혔을 법한 기록으로 이런 기록은 아무 의미가 없다. 좋은 기록은 다음과 같다.

– 영어 실력이 뛰어나 독일 학생들의 본교 방문 시 통역을 맡아 문화 교류 활동과 학교 안내를 훌륭하게 수행함

만약 학생이 영어영문학과나 영어교육과에 지원한다면 해당 기록을 통해 '학업 역량'과 '전공 적합성'을 함께 드러낼 수 있다. 이처럼 자율 활동 특기사항은 학교 행사를 단순 나열하는 것에 그쳐서는 안 되며 학생의 역량이 강조된 행사가 돋보일 수 있도록 서술되어야 한다. 만약 '사회자', '운영위원' 같이 자신이 행사에서 맡은 직책명을 활용한다면 주도적인 모습을 더 효과적으로 드러낼 수 있다.

(2) 동아리 활동

동아리 활동에는 교내에서 참여한 동아리 이름과 활동이 기록된다. 보통 학교에 이미 개설되어있는 동아리에 참가하는 경우가 많지만, 원하는 동아리가 없으면 '자율동아리'를 신설할 수도 있다. 자율동아리의 경우 2021년부터 1개 동아리에 한해 30자까지만 기록이 가능하도록 변경되었으며, 현 고1 학생들은 자율동아리 활동이 대입에 반영되지 않는다.

동아리 활동은 자기소개서 작성 시 유용한 소재로 쓰일 수 있으므로 되도록 가입하는 것이 좋고 희망 전공과 다른 동아리에 들어가더라도 진로와 연결 지을 수 있는 소재를 발견한다면 자기소개서 작성 시 유용하게 활용할 수 있다.

동아리 활동 특기 사항에는 ①전공 적합성 ②결과를 내기 위한 노력의 과정 ③협업할 수 있는 능력의 3가지 내용을 잘 드러낼 수 있어야 하며, 직책명을 적극적으로 활용한다면(ex. 수학동아리 부장으로서) 동아리가 아닌 학생이 돋보이는 우수한 특기사항을 작성할 수 있다.

(3) 봉사 활동

봉사 활동의 경우 올해부터 특기사항을 따로 작성하지 않고 '활동 내역'만 기록하는 방향으로 변경되었다. 대신 활동 내용은 학생부의 타 항목을 통해 언급할 수 있다. 기재 예시는 다음과 같다.

급식도우미 교내 봉사 활동 → '자율 활동 특기사항

진로와 연관된 봉사 활동 → '진로 활동 특기사항'

학생의 봉사 활동에 대한 담임이 관찰한 특이사항 → '행동특성 및 종합의견'

봉사 활동은 되도록 장기간에 걸쳐 꾸준히 진행하며 '진정성'을 드러내야 하며, 지원할 전공과 관련 있는 활동이라면 더욱 좋다. 설사 단체로 참여한 봉사 활동일지라도 자신이 맡은 역할 및 봉사의 동기, 과정, 결과를 구체적으로 서술하여 '나만의 봉사 활동'으로 보이게 만드는 것이 중요하다. 현 고등학교 1학년 학생들부터는 학교 계획하에 진행되지 않은 '개인 봉사 활동'은 대입에 미반영되므로 활동 선정에 유의하길 바란다.

(4) 진로 활동

마지막으로 진로 활동에는 '진로'와 관련된 교내 활동이 기재된다. 학교 진로 수업에서 진행한 발표, 교내 진로 프로그램에 참여한 내용, 교내 심리검사 결과 등이 이에 해당한다.

진로 활동 특기사항에는 '적극적으로 진로를 탐색하는 모습'과, '활동을 통해 진로를 구체화하는 과정' 두 가지가 보여야 좋은 평가를 받을 수 있다. 자율 활동과 마찬가지로 '학교에서 1년간 진행한 진로 행사'를 날짜순으로 단순 나열하지 않도록 주의해야 한다. 학생이 주도적으로 참여한 활동 위주로 기재하여 학교가 아니라 학생이 돋보이는 학생부를 만들어야 한다. 그 밖에도 학생의 희망 전공과 연관된 활동을 반복해서 서술한다면 진정성 측면에서 높은 평가를 받을 수 있다.

혹시 고등학교 생활 중 희망 진로가 변경되었더라도 걱정할 필요는 없다. 학창 시절에 꿈이 바뀌는 것은 자연스러운 현상이다. '희망 진로가 바뀐 계기'와 '노력한 내용'이 학생부와 자기소개서를 통해 충분히 설명된다면 충분히 좋은 평가를 받을 수 있다.

3. 교과 학습 발달 사항

교과 학습 발달 사항에는 '내신 성적'(과목별 단위 수, 원점수, 과목 평균, 석차 등급 등)과 '과목별 세부능력 특기사항'(각 교과 선생님이 적어주시는 과목별 활동 사항)이 기록된다. 먼저 내신 성적에 있어 유의해야 할 점은 다음과 같다.

(1) 진로와 관련된 교과일수록 좋은 성적을 유지하자!

내신 성적은 당연히 '높을수록' 좋다. 특히 상위권 대학일수록 '학업 역량'을 강조하고, 우수한 지원자들이 몰리기에 전 과목에서 높은 성적을 받아야 합격 가능성이 커진다. 하지만 현실적으로 모든 학생이 1등급에 수렴하는 내신을 받을 수는 없기에 내신 관리에 약간의 '전략'이 요구된다. 전 과목 내신 성적을 잘 받기는 힘들더라도 최소한 자신의 희망 전공과 연관이 있는 교과목이라도 높은 등급을 유지하기 위해 노력하여야 한다.

예를 들어 공대의 경우 '수학'과 '과학' 성적이 매우 중요하다. 전 과목이 골고루 3등급인 지원자보다 수학과 과학은 1등급이고 다른 과목은 4등급인 지원자가 더 높은 평가를 받는다. 반대로 어문계열은 '영어', '제2외국어' 성적이 중요하다. 다른 과목 내신은 조금 부족하더라도 '외국어' 관련 교과에서만큼은 학생의 우수함을 보여줄 수 있어야 한다. 교대의 경우 전 과목을 가르치는 초등교사를 양성하는 취지에 걸맞게 전 과목 성적이 두루 우수한 지원자가 좋은 평가를 받는다.

(2) 과목 선택에서도 '희망 전공'을 고려하자!

2015 개정 교육과정 이후로 '선택 과목' 제도가 시행되고 있다. 이 경우 특정 과목은 수강 인원이 적어져 내신 등급을 따기에 다소 불리해질 수 있다. 하지만 그런데도 학생부 종합 전형을 준비하는 학생이라면 자신의 희망 전공과 일치하는 심화 과목을 수강하는 것이 좋다. 물리학과를 지망하는 학생이라면 '물리 2', 화학과를 지망하는 학생이라면 '화학 2'를 수강하는 식이다. 문과의 경우 경제학과는 '경제', 정치외교학과는 '법과 정치' 과목을 수강할 수 있다.

학생부 종합 전형은 '수강 인원', '표준편차' 등 다방면의 고려를 하므로 오히려 내신의 불리함을 무릅쓰고 해당 과목을 선택했다는 점에서 '전공 적합성'과 '열정'을 높이 평가받을 수도 있다. 또한, 해당 교과의 세부 능력 및 특기사항을 통해 학생의 역량을 인상 깊게 표현할 수도 있을 것이다.

물론 현실적으로 희망하는 모든 선택 과목을 이수하기 힘들 수 있다. 이 경우 방과후 학교 프로그램을 통해서라도 전공에 관한 관심과 역량을 충분히 드러내는 것이 좋다.

(3) 내신 성적의 '상승 곡선'을 그리는 것이 중요하다!

학생부 종합 전형은 3년간의 성적 변화 양상도 중요하게 평가한다. 즉, 내신 등급이 '상승 곡선'을 그릴 경우 평가에 매우 긍정적으로 작용할 수 있다. 따라서 1, 2학년 때 기대에 못 미치는 내신을 받았더라도 포기하지 않고 끝까지 노력하여 성적의 '상승 곡선'을 만들어 보도록 하자. 이 경우 비슷하거나 조금 더 높은 내신을 받았음에도 성적이 '하향 곡선'을 그린 학생보다 더 좋은 평가를 받을 수 있다. 학생부 종합 전형에서는 지원자의 '발전가능성'도 중요하게 생각하기 때문이다.

다음으로 교과 학습 발달 사항의 '세부 능력 특기사항(세특)'을 살펴보자. 세특은 학생부의 꽃이라고도 할 수 있다. 특히 '교과 연계 활동'의 중요도가 커진 최근에는 그 무엇보다도 중요한 평가 항목이다. 세특에는 해당 교과목의 수업 태도뿐 아니라 수행평가 발표 및 보고서 내용이 기록되므로 희망 전공과 관련이 있는 교과의 세특을 통해 전공에 대한 학생의 관심과 열정을 드러낼 수 있다. 좋은 세특의 공통점은 다음과 같다.

(1) 학생의 '개별 특성'이 드러나게 작성하라!

좋은 세특 기록이 되려면 수업 안에서 이루어진 '객관적인 활동'뿐 아니라 학생의 '개별적이고 구체적인 특성'이 반드시 함께 작성되어야 한다. 가령 탐구 활동을 진행한 경우 왜 이런 탐구를 하게 되었는지 그 동기와 과정, 느끼고 배운 점을 보여주는 것이 중요하다. 만약 세특에서 '학생'의 모습은 전혀 드러나지 않고 '학교 소개', '수업 소개'에 그치는 글이 작성될 경우 입학 사정관은 학생의 역량을 제대로 평가할 수 없게 된다. 세특은 교과 성적만으로 알 수 없는 학생의 우수성을 보여줄 수 있는 수단으로 활용하도록 하자.

(2) 사례를 통해 근거를 제시하라!

세특에 학생을 평가한 내용이 담기면 반드시 근거를 함께 제시해야 한다. 아무 근거도 없이 '학생이 훌륭하다'라고 작성해서는 상투적인 칭찬으로 느껴질 뿐이다. 학생의 행동, 활동 사실 등 구체적인 사례를 통해 서술해야 평가의 신빙성이 높아진다. 예를 들어 '지적 호기심이 많은 학생임'이라는 표현 대신 '자신의 관심 분야인 음향에 대해 적극적으로 질문하며 교사와 오디오 앰프 및 스피커의 성향에 대해 대화를 나눔'이라고 서술하는 것이 더 좋은 세특이다.

(3) 선생님께 적극적으로 어필하라!

수업 시간에 적극적으로 참여를 하고 진로와 연관된 발표까지 수행하였음에도 해당 내용이 세특에 반영되지 않는다면 아무런 소용이 없다. 따라서 학기 말에 교과목 담당 선생님을 직접 찾아가 자신이 한 학기 동안 한 활동들을 어필을 하는 것이 중요하다. 선생님께서는 모든 학생의 활동 내용을 일일이 기록해두시기 힘들기 때문에 평소에 자신이 한 활동, 활동을 통해 느낀 점을 꼼꼼히 기록해두고 입력 시기에 이를 정리해서 선생님께 전달드리는 방법이 가장 좋다. 절대 '활동'에만 그치지 말고 '세특'에도 제대로 기록될 수 있도록 끝까지 신경을 쓰도록 하자.

4. 독서 활동 상황

독서 활동 상황에는 고등학교 재학 중 읽은 책의 도서명과 저자 이름을 기재하면 된다. 전공과 관련된 독서를 통해 학생의 전공 적합성과 흥미를 드러낼 수 있으며, 폭넓은 독서를 통해 학생의 인성과 잠재력을 드러낼 수 있기에 해당 항목은 3년간 전략적으로 관리하여야 한다. 하지만 2024학년도 대입부터는 독서 활동 상황 항목이 없어진다. 이 경우 중요한 독서 활동은 세특, 동아리, 진로활동 칸을 통해 드러낼 수 있도록 하자.

5. 행동 특성 및 종합 의견

행동 특성 및 종합 의견은 담임선생님이 '학생의 인성, 리더십, 학업 성취도, 성장 과정'과 관련된 종합적인 판단을 서술하는 칸으로 일종의 추천서 기능을 한다. 매 학년 기록되며 추가 세특의 느낌으로 진로와 연관된 내용, 인성과 관련된 내용을 작성할 수 있다.

1. 자기소개서란?

'자기소개서'란 무엇일까? 자기소개서를 쓰는 법을 알기에 앞서서 자기소개서가 도대체 무엇인지, 대학에서 왜 이 서류를 요구하는 것인지부터 이해해야 한다.

학생부 종합 전형에서 입학 사정관들은 '학과에 적합한 학생을 뽑겠다'는 전형 취지에 맞춰 학생을 다면적으로 평가해야 하는데, 이 과정에서 활용하는 서류가 바로 '자기소개서'이다. (단, 2021년 기준 고1 학생의 대입부터는 자기소개서가 폐지된다.)

자기소개서는 기계가 아닌 사람이 읽고 평가하는 서류이며, 따라서 내가 왜 이 학과, 학교에 어울리는 인재인지 평가자를 '설득'해야 합격을 할 수 있다. 특히 서울권 대학의 학생부 종합 전형 경쟁률은 낮게는 6:1에서 많게는 60:1까지 치솟기 때문에 자신을 매력적으로 소개하지 못하면 불합격을 면하기 어렵다. 자소서 작성 과정에서 주의할 점들은 다음과 같다.

(1) 반드시 근거가 있어야 한다

상대방을 효과적으로 설득하는 데 필요한 것 중 하나가 '근거'이다. 아무런 근거 제시 없이 '저는 성실한 학생입니다', '저는 ○

ㅇ학과에 열정이 있습니다'라고 말해서는 평가자를 설득할 수 없다. 이는 누구라도 할 수 있는 이야기이다. 학생부에 기재되어 있는 교과/내신/비교과 활동을 토대로 자신의 역량을 어필하자.

(2) 내용이 확연히 드러나야 한다

입학 사정관은 해당 학과에 지원한 수많은 학생의 서류를 단기간에 검토해야 한다. 따라서 모든 서류를 하나하나 자세히 검토할 시간이 부족한 경우가 많다. 학생부 역시 모든 항목을 꼼꼼히 읽는 것이 아니라 '자기소개서'에 언급한 사항 위주로 검토하는 경우가 많다. 따라서 자신이 강조하고 싶은 내용은 반드시 '자기소개서'를 통해 강력하게 어필하여야 한다.

(3) 학생부 기록에서 보여준 스토리를 대폭 강화해야 한다

학생부가 재료라면 자기소개서는 요리이다. 아무리 재료가 좋아도 요리를 망치면 소용이 없다. 학생부는 마치 이력서처럼 '객관적인 정보'가 기록되어 있는 자료에 불과하며 우리는 자기소개서를 통해서 '학생부'라는 재료를 멋지게 요리해내야 한다. 자소서를 어떻게 쓰냐에 따라 '수상하지 못한 교내 대회'도 매력적으로 보일 수 있고, '평범한 동아리 활동'도 빛나는 사례가 될 수 있다. 활동의 동기, 전공과의 연관성, 자신이 무엇을 배우고 느꼈는지 등 학생부에 충분히 드러내지 못했던 학생만의 이야기를 자기소개서를 통해 풀어낼 수 있어야 한다.

(4) 기타 유의해야 할 점

자기소개서는 고3 9월에 제출하게 되는데 마감이 임박해서 글을 쓰면 마음이 조급해 글이 잘 나오지 않을뿐더러 이 시기는 수능을 두 달 앞둔 시점이므로 공부에 집중하는 것이 좋다. 따라서 자기소개서를 제출하는 전형에 지원하는 학생이라면 늦어도 여름방학(7~8월)까지는 자기소개서를 마무리 지을 수 있도록 하자. 고등학교 2학년 겨울 방학이나 3학년 1학기에 틈틈이 내용을 구상해 놓는 것도 좋다.

2. 자기소개서 문항

자기소개서의 항목 구성을 알아보자. 기존 자기소개서 문항은 총 4개(공통 문항 3개+자율 문항 1개)였는데, 올해부터 총 3개 문항(공통 문항 2개+자율 문항 1개)으로 변경되었다. 전체 분량 역시 기존 5,000자 이내에서 3,100자 이내로 변경되었다. 구체적인 변화 사항은 다음과 같다.

[기존 공통 문항]

1. 고등학교 재학 기간 중 학업에 기울인 노력과 학습 경험을 통해, 배우고 느낀 점을 중심으로 기술해 주시기 바랍니다. (1000자 이내)

2. 고등학교 재학 기간 중 본인이 의미를 두고 노력했던 교내 활동(3개 이내)을 통해 배우고 느낀 점을 중심으로 기술해 주시기 바랍니다. 단, 교외 활동 중 학교장의 허락을 받고 참여한 활동만 포함됩니다.(1500자 이내)

3. 학교생활 중 배려, 나눔, 협력, 갈등 관리 등을 실천한 사례를 들고, 그 과정을 통해 배우고 느낀 점을 기술해 주시기 바랍니다.(1000자)

[변경된 공통문항: 현 고3, 고2 적용]

1. 고등학교 재학 기간 중 자신의 진로와 관련하여 어떤 노력을 해왔는지 본인에게 의미가 있는 학습 경험과 교내 활동을 중심으로 기술해 주시기 바랍니다. (1500자 이내)

=> 기존의 1번과 2번 문항이 합쳐진 형태이다. 자소서 분량 축소로 인해 드러낼 수 있는 내용이 많이 줄었기 때문에 1번 문항에서 2~3가지 이상의 다양한 소재를 활용하기를 권한다. 참고로 1번 문항에서 말하는 '학습 경험'은 '교과 공부'에만 국한된 것이 아니다. 탐구 활동, 동아리 활동, 독서 활동 등도 넓은 의미에서 학습 경험에 속한다.

2. 고등학교 재학 기간 중 공동체를 위해 노력한 경험과 이를 통해 배운 점을 기술해 주시기 바랍니다(800자)

=> 기존 3번 공통 문항이 2번으로 변경되었다. 해당 문항의 경우 '단순히 착한 일을 했다'라는 식의 누구나 할 수 있는 서술은 지양해야 한다. 멘토링, 봉사 활동 같은 경험이 아니더라도 '탐구 활동, 발표 활동'에서 경험한 '협력'의 사례 등을 강조할 수도 있으니 참고하길 바란다.

3번 자율 문항은 대학별로 차이가 있고 아예 없는 학교도 있지만 대부분 다음과 같은 주제로 요약된다.

- 지원 동기와 지원하기 위해 노력한 과정
- 입학 후 진로 계획
- 자신에게 가장 큰 영향을 준 책(서울대 한정)

3. 자소서 작성, 단계별 접근법

자기소개서 작성, 어디서부터 어떻게 시작해야 할까? 처음 자소서를 쓰려고 마음먹으면 막막함을 느끼기 쉽다. 지금부터 자소서 작성법을 차근차근 단계별로 알려줄 테니 따라 해 볼 수 있도록 하자.

(1) 학생부를 꼼꼼히 읽자!

3년간의 학교생활이 기록된 '학생부'는 자소서의 재료라고 할 수 있다. 따라서 자기소개서를 쓰기에 앞서 먼저 자신의 학생부를 한 글자도 빠짐없이 꼼꼼히 정독해보자. 내가 지난 3년간 무슨 활동을 했는지, 학생부에는 어떤 식으로 기록되어 있는지, 성적이 향상된 과목은 무엇인지 등을 꼼꼼히 살펴본 후 지원하고자 하는 전공과 관련된 활동은 따로 모아서 '활동 리스트'를 만들어 보자.

하지만 많은 학생이 이 단계에서 "제대로 한 활동이 없다",

"자기소개서에 쓸 만한 활동이 없다"라고 말하곤 한다. 그러나 아무리 짧게 기록된 이력, 문장이라도 내가 의미를 부여하고 잘 풀어서 쓴다면 얼마든지 자소서의 '값진 소재'가 될 수 있다. 특히 창의적 체험 활동(자율 활동, 동아리 활동, 봉사 활동, 진로 활동)과 교과 세부 능력 특기사항을 유심히 살펴보도록 하자.

(2) 알맞은 활동을 선정하자!

자기소개서에 활용할 소재(활동) 선정 기준은 다음과 같다.

첫째, 지원 전공과 직결된 소재를 선정한다.
둘째, 전공이 속한 계열과 관련된 소재를 선정한다.

예를 들어 역사학과에 지원하고자 하는 학생이라면 가장 먼저 학생부에서 역사와 관련된 모든 소재를 찾아내야 한다.

- 독서 활동 상황의 역사책 기록
- 교과 학습 발달 상황의 역사 과목 기록
- 창의적 체험 활동 중 역사와 관련된 활동
- 관련 수상 경력

등이 이에 해당한다.

다음으로 사학과가 속한 인문계열과 관련된 소재를 찾아낼 수도 있다. 역사뿐 아니라 국어, 사회탐구, 영어, 한문 과목을 통해서도 학생의 역량을 보여줄 만한 소재를 발굴할 수 있다

이외에도 지원 전공과 직접 관련이 없어 보이더라도 그 안에서 연결 지을 수 있는 고리가 있는 활동이라면 얼마든지 자기소개서의 소재로 활용할 수 있다. 넓은 시야로 활동 기록들을 살펴보시길 바란다.

(3) 근거를 기반으로 한 스토리 구성이 중요하다!

다음으로는 학생부에서 찾아낸 소재들을 근거로 학생만의 '스토리'를 구상하여야 한다. 이때 주의할 점은 절대로 활동을 단순 나열해서는 안 된다는 것이다. 자소서를 읽었을 때 입학 사정관이 내가 어떤 사람인지 정확히 파악할 수 있도록 해야 하고 나의 능력이 대학에 적합하다는 사실을 알려야 한다.

따라서 스토리를 구상할 때는 단순히 '직업명'을 언급하기보다는 이 직업을 통해서 어떤 일을 해보고 싶고, 무엇을 이루고 싶은지 구체적인 이유와 함께 서술하자. 또한, 학생부에서 발굴한 소재들을 근거로 활용하여 내가 꿈을 이루기 위한 능력과 발전 가능성이 있는 학생임을 대학에 증명해야 한다.

4. 자기소개서 문항별 작성 노하우

〈자기소개서 1번 문항 작성 요령〉

("고등학교 재학 기간 중 자신의 진로와 관련하여 어떤 노력을 해왔는지 본인에게 의미가 있는 학습 경험과 교내 활동을 중심으로 기술해 주시기 바랍니다.")

(1) 성적이 향상된 과목을 찾자!

1번 문항은 의미 있는 학습 경험에 대해 기술할 수 있는 문항이다. 만약 이전보다 성적이 급격하게 향상된 과목이 있다면 자신이 어떤 방식으로 공부했는지, 이 과정에서 무엇을 배우고 느꼈는지 서술할 수 있다. 자신만의 독특한 방법이 있다면 더욱 좋은 소재가 된다. 해당 과목이 희망 전공과 관련이 높다면 진로와 관련된 노력으로 더 긴밀하게 연결 지을 수 있다. 참고로 수업 시간에 한 조별 활동이나 수행 평가 역시 좋은 소재가 될 수 있다.

(2) 과목을 심화 탐구한 경험을 활용하자!

희망 전공과 관련된 과목에서 드라마틱하게 성적이 오르지 않았더라도 괜찮다. 그 대신 과목에 대한 이해와 관심이 높다는 점을 드러내면 된다. 예를 들어 물리학과를 지원하는 학생이라면 시험에 나오지 않는 내용임에도 자신이 물리학에 관해 스스로 지적 호기심을 가지고 깊이 탐구한 경험을 자소서에 서술할 수 있다.

(3) 독서 활동 상황을 활용하자!

독서 활동 상황에 기록된 도서를 활용하는 것도 좋은 방식이다. 참고로 1번에서 이야기하는 '학습 경험'은 단순히 교과 공부만을 이야기하는 것이 아니라 독서, 심화 탐구 등 폭넓은 범위를 포괄한다. 따라서 자소서에 전공과 관련된 도서를 언급하며 책을 읽은 동기와 이해한 내용, 자신이 배우고 깨달은 점을 언급하는 것도 좋은 소재가 된다.

(4) 교내 대회 경력을 활용하자!

교내 대회 경력을 쓰는 것도 좋은 방법이다. 가능하면 학기별로 1개씩 기재되는 수상 내용 중 진로와 가장 연관 있는 수상을 택해 이를 준비하고 학습한 내용을 서술하는 것이 좋다. 만약 수상하지 못했거나 학생부에 기재되지 않은 수상이 있더라도 자신이 성장한 점을 중심으로 상세하게 서술해볼 수 있다.

(5) 진로 활동 기록을 활용하자!

창의적 체험 활동에 속하는 '진로 활동' 기록을 통해서도 좋은 소재를 발굴할 수 있다. 특히 오랜 시간 지속적으로 활동했거나 특이한 경험이 있는 경우 더욱 플러스 요인이 될 수 있다. 진로 활동은 1번 문항에서 요구하는 '진로 관련 교내 활동'과 직결된다는 점에서 매력적인 소재이며, 학생부에는 간단하게 기록이 되어있더라도 활동 과정과 자신이 배운 점을 구체적으로 풀어쓰면 좋은 자기소개서 소재가 될 수 있다.

(6) 동아리 활동 경험도 놓치지 말자!

동아리 활동이 자신의 희망 전공과 연관된 경우, 자기소개서 소재로 활용하기에 굉장히 매력적인 소재이다. 특히 오랜 기간 활동한 경우 진로를 향한 노력의 진정성을 드러낼 수 있다. 동아리명이 전공과 관련이 없더라도 실제 활동이 전공과 연결 가능한 경우 최대한 활용하여 1번 문항을 작성해보도록 하자. 하지만 너무 진로와 무관한 활동이라면 차라리 2번 문항에서 학생의 인성과 공동체 정신을 강조하는 데 활용하는 것이 좋다.

〈자기소개서 2번 문항 작성 요령〉

("고등학교 재학 기간 중 공동체를 위해 노력한 경험과 이를 통해 배운 점을 기술해주시기 바랍니다.")

2번 문항의 경우 기존의 '학교생활 중 배려, 나눔, 협력, 갈등 관리 등을 실천한 사례를 들고, 그 과정을 통해 배우고 느낀 점을 구체적으로 기술하세요.'라는 문항이 일부 변경된 것으로 봐도 무방하다. 문항에서 언급한 '공동체'는 '지역 사회, 학교 전체, 동아리 부원, 반 친구들' 등 다양한 집단으로 설정해볼 수 있다. 이들을 대상으로 배려, 나눔, 협력, 갈등 관리를 한 경험을 찾아보자!

(1) 봉사 활동을 활용하자!

2번 문항의 단골 소재 중 하나는 바로 봉사 활동이다. 봉사 활동의 경우 주로 학습 경험을 다루는 1번 문항에는 쓰기가 쉽지 않으므로 2번 문항에 적극적으로 활용해 볼 수 있다. 이때 가능하면 '장기간' 꾸준히 활동한 봉사 활동을 선택하는 것이 좋으며, 희망 전공 및 계열과 관련된 봉사 활동이라면 더할 나위 없이 좋은 소재가 될 것이다. 봉사 활동 과정에서 공동체를 위해 노력한 경험과 배운 점을 구체적으로 작성해보도록 하자.

(2) 동아리 활동 경험을 되짚어 보자!

동아리 활동 경험을 통해서도 공동체를 위해 노력한 자신의 경험을 풀어낼 수 있다. 동아리 부원들을 위해 자신이 무엇을 노력하고 이바지했는지, 에피소드와 함께 풀어낸다면 매우 좋은 소재로 활용할 수 있다.

(3) 조별 과제 활동도 좋은 소재다!

수업 시간에 진행한 조별 과제 활동을 통해서도 공동체를 위해 노력한 경험을 드러낼 수 있다. 자신이 어떤 점에서 팀 활동에 이바지했으며 배려, 나눔, 협력, 갈등 관리 등을 했는지 구체적으로 풀어쓰면 된다. 가능하면 학생부에 기록된 활동을 서술하는 것이 신뢰도 측면에서 좋다.

(4) 멘토 활동, 교과부장 활동도 사용할 수 있다!

만약 영어 부장, 수학 부장과 같은 직책을 맡아 반 친구들의 학습을 도와주었던 경험이 있다면 이 역시 2번 문항의 좋은 소재로 활용할 수 있다. 이런 멘토 활동의 경우 희망 전공에 따라 전공 적합성을 드러낼 수 있다는 장점도 있다.

〈자기소개서 3번 문항 작성 요령〉

① 지원 동기

지원동기는 해당 학과에 지원한 동기를 묻는 문항이다. 대학교보다는 학과에 초점을 맞추는 작성하는 것이 좋다. 지원 동기에 활용할 수 있는 내용은 다음과 같다.

(1) 고등학교 재학 시절 활동

지원한 전공과 관련하여 고등학교 재학 기간 동안 노력한 내용과 활동들을 통해 지원 동기를 작성할 수 있다. 활동들을 파편적으로 나열하기보다는 일관된 하나의 스토리로 정리해서 제시하는 것이 좋다.

(2) 문제의식 드러내기

지원 전공과 관련하여 일상생활 속 느낀 문제의식, 사회를 변화시키고자 하는 태도를 드러냄으로써 지원 동기를 작성할 수 있다. 이때 가능한 한 자신의 생각을 구체적으로 드러내도록 하고 학과에 진학함으로써 어떤 식으로 이러한 문제점을 해결할 수 있을지 언급하는 것이 좋다.

② 입학 후 진로 계획

(1) 전공과 전공 외 활동을 모두 계획하자

학업 계획의 경우 학내 전공 공부를 중심으로 자신의 계획을 서술하면 된다. 미리 학과 홈페이지를 방문하여 교수님들의 세부 전공이나 개설된 교과목들을 참고하도록 하자. 전공 외 활동의 경우 이중전공, 학술 활동, 동아리 활동 등의 소재를 활용할 수 있으나 전공 외 활동이 중심인 듯 보여서는 안 된다. 지원 전공에 대한 의지와 계획을 가장 중점적으로 드러내도록 하자.

(2) 사회적 책무를 언급하자

진로 계획에는 필수적으로 장래 직업이 언급되기 마련이다. 장래희망을 통해서 어떤 사회적인 책무를 다하고 봉사, 사회 환원을 하고 싶은지 함께 언급하도록 하자. 단, 이 내용이 실현 불가능해 보이지 않도록 구체적인 계획을 함께 서술하는 것이 좋다.

③ 독서 활동

독서 활동은 서울대에서만 요구하는 문항이다. 책 선택이 매우 중요한데 학생부 독서 기록 상황에 기재된 도서 중 선택하면 된다. 3권 모두를 전공 도서로 채울 수도 있고, 2권 정도는 전공 도서를 택하고 나머지 1권은 비전공 도서를 선택하는 방법도 있다. 비전공 도서의 경우 인문학, 소설, 고전 등 전공과 무관하게 내가 인상 깊게 읽은 도서 중 고르면 된다. 문항 작성 시에는 단순한 책 요약이나 감상이 아닌 자신의 문제의식을 담는 것이 좋으며, 독서를 통해 문제의식을 발전시켰음이 드러나면 된다.

내 모든 학습 노하우를 한 권에 축약한 학습 도서를 출간하는 것은 나의 오랜 꿈이었다. 필자 역시 10대 학창 시절 여러 공부법 서적을 살펴보며 동기부여를 얻고 다양한 공부법을 시도해 본 경험이 있었기에, 입시 과정에서 쌓은 수많은 지식과 경험을 바탕으로 다른 누군가의 든든한 학습 조력자가 되어주고 싶은 바람이 있었다.

입시 직후 '서울대 합격'을 주제 삼아 학습 도서 원고를 작성할 수 있었지만, 당시에 크게 망설였던 기억이 난다. 후배 학생들에게 단순히 '성적을 올리는 공부법'을 알려주기보다는 '세상을 넓게 보고 스스로 미래를 설계하는 법', '피상적인 스킬을 넘어선 학습의 본질과 정수' 그리고 무엇보다 학창 시절 필자가 가장 부족했던 부분인 '행복하게 공부하는 법'을 알려주고 싶었기 때문이다.

필자는 중고등학교 재학 기간 동안 누구보다 치열하게 학습에 몰두하였고 좋은 성과를 거두었지만, 한편으로는 많은 스트레스와 불안감, 막막함을 느끼기도 하였다. 그리고 스무 살이 넘어 교육 현장에서 학생들을 직접 지도하며 뒤따라오는 학생들 역시 나와 비슷한 고민을 안고 있음을 알 수 있었다. 그래서 많은 사람들이 이야기하는 '무조건 성적을 잘 받아야 한다, 반드시 명문대에 가야 한다'는 조언보다는, 한 학생이 진정으로 학습을 통해 성장하고 본인의 미래를 설계하는 과정에서 성적, 시험, 대학은 도구로 생각할 수 있도록 하고 싶었다.

이러한 생각들을 기반으로 필자는 대학 재학 시절 동안 '영어교육학' 외에 진로 교육과 직업 교육을 다루는 '산업인력개발학'을 이중 전공하고 '심리학, 뇌과학, 교육학' 등 학습과 관련된 도서라면 분야를 가리지 않고 탐독하며 해당 책을 출간하기 위한 준비를 마칠 수 있었다. 그리고 마침내 졸업 연도에 맞춰 책을 출간할 수 있게 되었다.

지방에서 별도의 사교육 없이 혼자 공부하여 서울대학교에 입학하고 우등졸업 요건을 충족하며 서울대를 우수한 성적으로 졸업하기까지, 돌이켜 보면 치열하고 열정적인 시간이었던 것 같다. 힘든 순간도, 좌절했던 순간도 있었지만 그럼에도 학습 과정에서 느낀 성취감, 노력하면 반드시 돌아온다는 믿음과 보람이 지속적으로 노력할 수 있게 도와준 동력이 되었던 것 같다.

그리고 이 책을 읽은 학생들 역시 정확한 학습법을 바탕으로 '노력한 만큼 결실이 돌아오는', '성취감 있는' 공부를 할 수 있기를 바란다.

마지막으로 어린 시절부터 나의 자기 주도 학습 습관을 길러주시고 올바른 성인으로 성장할 수 있게 애써주신 어머니, 언제나 든든하게 가정을 지켜주시는 아버지, 늘 누나를 자랑스러워하며 많은 힘이 되어주는 두 남동생 용준, 세준이, 학창 시절 동안 많은 응원과 격려를 해주신 선생님들, 대학 시절 내내 나와 함께하며 타지 생활에 큰 힘이 되어준 사랑하는 남자친구, 책이 출간될 수 있도록 많은 조언과 격려를 해주신 권선복 대표님 그리고 책을 멋지게 편집해주신 출판사 직원분들께 진심으로 감사의 인사를 전한다.

1) 박세니, 『어웨이크』, 책들의 정원, 2021.

2) Nurmi J.E., Aunola, K., Salmela-Aro, K. & Lindroos, M. (2003). "The role of success expectation and task-avoidance in academic performance and satisfaction : Three studies on antecedents, consequences and correlates". Contemporary Educational Psychology, 28, 59~90.

3) Martin E. P. Seligman. (1972). "Learned helplessness". Annual Review of Medicine.

4) Ferris Jabr. "Cache Cab ; Taxi Drivers' Brains Grow to Navigate London's Streets". Scientific American. December 8, 2011. www.scientificamerican.com/article/london-taxi-memory/.

5) 안데르스 에릭슨, 『1만 시간의 재발견』, 비즈니스북스, 2016.

6) 최근용, 『8등급 꼴찌, 수석 졸업하게 된 9가지 공부 비결』, 인성재단, 2021.

7) Tara Thiagarajan. (2019). "Half a Brain : The Variable Outcomes of Brain Surgery". Psychology Today.

8) 캐럴 드웩 지음, 김준수 옮김, 『마인드셋』, 스몰빅라이프, 2017.

9) 조 볼러 지음, 이경식 옮김, 『언락』, 다산북스, 2020.

10) 유용하, "여자는 수학 · 과학에 약하다? '조건' 바꿨더니 더 잘하더라", 『서울신문』, 2019.9.4.

11) 두산백과 https://terms.naver.com/entry.naver?docId=1225166&cid=40942&categoryId=31531

12) 이안 로버트슨 지음, 이경식 옮김, 『승자의 뇌』, 알에이치 코리아, 2013.

13) Landau, H.G. (1951). Bulleetin of Mathematical Biophysics. 13, 245~262.

14) Mazur, Allan, Booth, Allan, and Babbs, James M. Jr. (1992). "Testosterone and Chess Competitions", Social Psychology Quarterly, 55, 70~77.

15) 조지 피터슨 지음, 강주헌 옮김, 『12가지 인생의 법칙』, 메이븐, 2018.

16) Bandura, A. (1977). "Self-efficacy : Toward a unifying theory of behavioral change". Psychological Review, 84(2), 191~215.

17) Flynn, J. R. (1991). "Asian Americans : Achievement beyond IQ". Lawrence Erlbaum Associates.

18) 유경훈. (2011). 청소년의 자기효능감과 학업성취 간의 관계 연구. Global Creaive Leader, 1(2), 3~15.

19) 짐 퀵 지음, 김미정 옮김, 『마지막 몰입』, 비즈니스북스, 2020.

20) 짐 퀵 지음, 김미정 옮김, 『마지막 몰입』, 비즈니스북스, 2020.

21) 벤저민 하디 지음, 김미정 옮김, 『최고의 변화는 어디서 시작되는가』, 비즈니스 북스, 2018.

22) 네이버 지식백과https://terms.naver.com/entry.naver?docId=3578356&cid=59066&categoryId=59078.

23) 박세니, 『공부하지 마라, 최면해라』, 맑은샘, 2013.
24) 에밀 쿠에 지음, 김동기 김분 옮김, 『자기암시』, 하늘아래, 2020.
25) 박세니, 『공부하지 마라, 최면해라』, 맑은샘, 2013.
26) 박세니, 『초집중의 힘』, 알에이치코리아, 2021.
27) 에밀 쿠에 지음, 김동기 김분 옮김, 『자기암시』, 하늘아래, 2020.
28) 박세니, 『초집중의 힘』, 알에이치코리아, 2021.
29) 찰스 두히그 지음, 강주헌 옮김, 『습관의 힘』, 갤리온, 2012.
30) 웨이슈잉 지음, 이지은 옮김, 『하버드 새벽 4시 반』, 라이스메이커, 2017.
31) 마크 맨슨 지음, 한재호 옮김, 『신경 끄기의 기술』, 갤리온, 2017.
32) 짐 퀵 지음, 김미정 옮김, 『마지막 몰입』, 비즈니스북스, 2020.
33) 박세니, 『초집중의 힘』, 알에이치코리아, 2021..
34) 이안 로버트슨 지음, 이경식 옮김, 『승자의 뇌』, 알에이치 코리아, 2013.
35) 조남호, 『스터디코드 3.0』, 더난에듀, 2016.
36) 박세니, 『초집중의 힘』, 알에이치코리아, 2021.
37) 다이고 지음, 김선숙 옮김, 『초효율 공부법』, 더메이커, 2020.
38) 김미경, 『김미경의 드림 온』, 쌤앤파커스, 2013.
39) 김민철, 『야 너두 할 수 있어』, 라곰, 2021.
40) 제임스 클리어 지음, 이한이 옮김, 『아주 작은 습관의 힘』, 비즈니스 북스, 2019.
41) 김성태, 『잘못된 자기주도학습이 아이를 망친다』, 이지북, 2021.
42) 박세니, 『초집중의 힘』, 알에이치코리아, 2021.
43) 손효림 기자, "'믿어주니 오르더라'....부모 신뢰가 성적에 좋은 영향", 『동아일보』, 2004.7.8.
44) Flavell, J. H. (1976). "Metacognitive aspects of problem solving. In L. B. Resnick (Ed.)". The nature of intelligence, 231~236.
45) Schraw, Gregory. (1998). "Promoting general metacognitive awareness". Instructional Science, 26, 113~125.
46) 박세니, 『초집중의 힘』, 알에이치코리아, 2021.
47) EBS, 『학교란 무엇인가—0.1%의 비밀』, 2010년 11월 29일 방영
48) 김성태, 『잘못된 자기주도학습이 아이를 망친다』, 이지북, 2021.
49) 다이고 지음, 김선숙 옮김, 『초효율 공부법』, 더메이커, 2020.
50) 다이고 지음, 김선숙 옮김, 『초효율 공부법』, 더메이커, 2020.

51) 다이고 지음, 김선숙 옮김, 『초효율 공부법』, 더메이커, 2020.

52) Peter A Cohen et Al. (1982). "Educational Outcomes of Tutoring : A Meta-analysis of Findings."

53) Aloysius Wei Lun Koh et al. (2018). "The learning benefits of teaching: A retrieval practice hypothesis."

54) John F. Nestojko et al. (2014). "Expecting to teach enhances learning and organization of knowledge in free recall of text passages."

55) 다이고 지음, 김선숙 옮김, 『초효율 공부법』, 더메이커, 2020.

56) 김성태, 『잘못된 자기주도학습이 아이를 망친다』, 이지북, 2021.

57) 김성태, 『잘못된 자기주도학습이 아이를 망친다』, 이지북, 2021.

58) 제레드 쿠니 호바스 지음, 김나연 옮김, 『사람은 어떻게 생각하고 배우고 기억하는가』, ORNADO, 2020.

59) 핸리 뢰디거 외 2인 지음, 김아영 옮김, 『어떻게 공부할 것인가』, 와이즈베리, 2014.

60) EBS, 『학교란 무엇인가-0.1%의 비밀』, 2010년 11월 29일 방영

61) 김성태, 『잘못된 자기주도학습이 아이를 망친다』, 이지북, 2021.

62) 제레드 쿠니 호바스 지음, 김나연 옮김, 『사람은 어떻게 생각하고 배우고 기억하는가』, ORNADO, 2020

63) 다이고 지음, 김선숙 옮김, 『초효율 공부법』, 더메이커, 2020.

64) Allan, M. Collins, M. Ross Quillian. (1969). "Retrieval time from semantic memory". Journal of Verbal Learning and Verbal Behavior, Volume 8, Issue 2, Pages 240-247.

65) Julia Zavala et al. (2017). "Solitary Discourse Is a Productive Activity."

66) Noah D. Forrin et al. (2017). "This time it's personal: the memory benefit of hearing oneself."

67) 다이고 지음, 김선숙 옮김, 『초효율 공부법』, 더메이커, 2020.

68) 최근용, 『8등급 꼴찌, 수석 졸업하게 된 9가지 공부 비결』, 인성재단, 2021.

69) 최근용, 『8등급 꼴찌, 수석 졸업하게 된 9가지 공부 비결』, 인성재단, 2021.

70) 제레드 쿠니 호바스 지음, 김나연 옮김, 『사람은 어떻게 생각하고 배우고 기억하는가』, ORNADO, 2020.

71) Ming-Zher Poh. (2010). "A Wearable Sensor for Unobtrusive, Long-Term Assessment of Electrodermal Activity". IEEE TRANSACTION ON BIOMEDICAL ENGINEERING.

72) 짐 퀵 지음, 김미정 옮김, 『마지막 몰입』, 비즈니스북스, 2020.

73) 로버트 마우어 지음, 장원철 옮김, 『아주 작은 반복의 힘』, 스몰빅라이프, 2016.

74) 찰스 두히그 지음, 강주헌 옮김, 『습관의 힘』, 갤리온, 2012.

75) 찰스 두히그 지음, 강주헌 옮김, 『습관의 힘』, 갤리온, 2012.

76) Baumeister, R.F., Brarslavsky, E., Muraven, M. & Tice, D.M. (1998). "Ego depletion : Is the active self a limited resource?". Journal of Personality and Social Psychology, 74(5), 125–126.

77) Mischel, Walter & Ebbesen, Ebb B. (1970). "Attention In Delay of Gratification". Journal of Personality and Social Psychology, 16(2), 329–337.

78) 제레드 쿠니 호바스 지음, 김나연 옮김, 『사람은 어떻게 생각하고 배우고 기억하는가』, ORNADO, 2020.

79) Smith, S. (1985). "Background Music and Context-Dependent Memory". The American Journal of Psychology, 98(4), 591~603.

80) 앤절라 더크워스 지음, 김미정 옮김, 『그릿』, 비즈니스북스, 2016.

81) 김민철, 『야 너두 할 수 있어』, 라곰, 2021.

82) 조 볼러 지음, 이경식 옮김, 『언락』, 다산북스, 2020.

83) 김민철, 『야 너두 할 수 있어』, 라곰, 2021.

84) 이은주. (2001). 몰입에 대한 학습동기와 인지전략의 관계. 교육심리연구, 15(3), 199–216.

85) 다이고 지음, 김선숙 옮김, 『초효율 공부법』, 더메이커, 2020.

86) Rohrer, Doug Dedrick, Robert F. et al. (2015). "Interleaved practice improves mathematics learning."

87) Francesco Cirillo, "The Pomodoro Technique," Cirillo Consulting, francesco cirillo.com/pages/pomodoro-technique

88) 짐 퀵 지음, 김미정 옮김, 『마지막 몰입』, 비즈니스북스, 2020.

89) Shai Danzigera, Jonathan Levavb, Liora Avnaim-Pessoa. (2011). "Extraneous factors in judicial decisions". PNAS.

90) 존 레이티, 에릭 헤이거먼 지음, 이상헌 옮김, 『운동화 신은 뇌』, 녹색지팡이, 2009.

91) 존 레이티, 에릭 헤이거먼 지음, 이상헌 옮김, 『운동화 신은 뇌』, 녹색지팡이, 2009.

92) 다이고 지음, 김선숙 옮김, 『초효율 공부법』, 더메이커, 2020.

93) 매슈 워커 지음, 이한음 옮김, 『우리는 왜 잠을 자야할까』, 열린책들, 2019.

94) Jeff Iliff, "Transcript of 'One More Reason to Get a Good Night's Sleep," TED, 2014년 9월 수정, www.ted.com/talks/jeff_iliff_one_more_reason_to_get_a_good_night_s_sleep/transcript.

95) Nin E. Fultz 외, "Coupled electrophysiological, hemodynamic, and cerebrospinal fluid oscillations in human sleep", Science 01, Nov.2019.

96) 박선우 기자, "주말에 '몰아서 자는 잠'이 해로운 이유", 『시사저널』, 2021.7.10.

97) Eva Selhub, "Nutritional Psychiatry : Your Brain on Food." Harvard Health(blog), Harvard

Health Publishing. 2018년 4월 5일 수정. www.health.harvard.edu/blog/nutritional-psychiatry-your-brain-on-food-201511168626.

98) 짐 퀵 지음, 김미정 옮김, 『마지막 몰입』, 비즈니스북스, 2020.

99) 장성난 외 2인 지음, 남명은 옮김, 『하버드 집중력 수업』, 더봄, 2021.

100) 장성난 외 2인 지음, 남명은 옮김, 『하버드 집중력 수업』, 더봄, 2021.

101) Mason, Budge. (2011). "Schizotypy, self-referential thinking and the Barnum effect". Journal of Behavior Therapy and Experimental Psychiatry, 42(2), 145-148.

102) 장성난 외 2인 지음, 남명은 옮김, 『하버드 집중력 수업』, 더봄, 2021.

103) 박세니, 『어웨이크』, 책들의 정원, 2021.

104) Keller, Abiola, Kristen Litzelman, Lauren, et al. (2011). "Does the Perception That Stress Affects Health Matter? The Association with Health and Mortality". Health Psychology, 31(5), 677-684.

105) 최근용, 『8등급 꼴찌, 수석 졸업하게 된 9가지 공부 비결』, 인성재단, 2021.

106) 네이버백과 https://terms.naver.com/entry.naver?docId=453597&cid=42876&categoryId=42876

107) 박세니, 『초집중의 힘』, 알에이치코리아, 2021.

[별책부록 참고문헌]

강현주. (2019). 대한민국 학부모라면 반드시 알아야 할 입시의 정도. 서울 : 지식넘어

배영준. (2021). 중3부터 준비하는 2022 대입 학생부 족보 학생부 작성과 평가. 예한

신선생, 윤선생. (2020). 학생부종합전형 자기소개서 면접 실전 가이드북. 스마트비즈니스

어준규, 이수민. (2020). 학생부종합전형 학년별 학생부. 길위의 책

유태성. (2019). 교육 전문가 유태성의 입시컨설팅. 경기 : 상상아카데미

윤운구. (2021). 아는 만큼 보이는 입시의 기술. 경기 : i-scream

권선복
(도서출판 행복에너지 대표이사)

이 책이 출간되기 불과 한 달 전인 11월 17일, 2023학년도 대학수학능력시험이 치러졌습니다. 수많은 학생들이 긴 시간 대학이라는 하나의 목표를, 꿈을, 미래를 위해 '수능'이란 시험에 하루 종일 온 열정과 노력을 쏟아부어야 했습니다.

이 책은 그들과 똑같은 경험을 했던 저자의 오랜 고민과 탐구 끝에 완성된 책입니다. 이 책에는 저자가 직접 활용했던 공부법뿐만 아니라 공부를 시작하기 전 갖춰야 할 마음가짐, 계획 수립 방법, 자기 관리 비법까지 여러 서적들과 강의들을 접해야만 알 수 있을 지식들이 전부 담겨 있습니다. 저자는 이러한 정보를 이렇게 '해야만 한다'라고 일방적으로 조언하는 것이 아니라 심리학, 뇌과학, 교육학 등을 배우며 찾은 과학적 원리와 사례들을 기반으로 쉽고 재미있게 설명해 주며 '함께 해보자'라고 권유합니다.

이 책이 특별한 이유는 저자가 밝혔듯 단순히 '성적 올리는 공부법'을 설파하는 것이 목적이 아니기 때문입니다. 긍정적인 마음가짐, 목표와 계획 수립, 올바른 마인드셋 장착, 전략과 집중, 육체와 정신 관리. 이것은 비단 공부에만 국한된 비법이 아닙니다. 우리는 수능 이후에도 헤쳐 나가야 할 인생의 무수히 많은 굴곡들을 넘어설 법을 배운 것입니다. 1등의 '공부법'을 넘어 1등의 '인생법'을 통해서 말입니다.

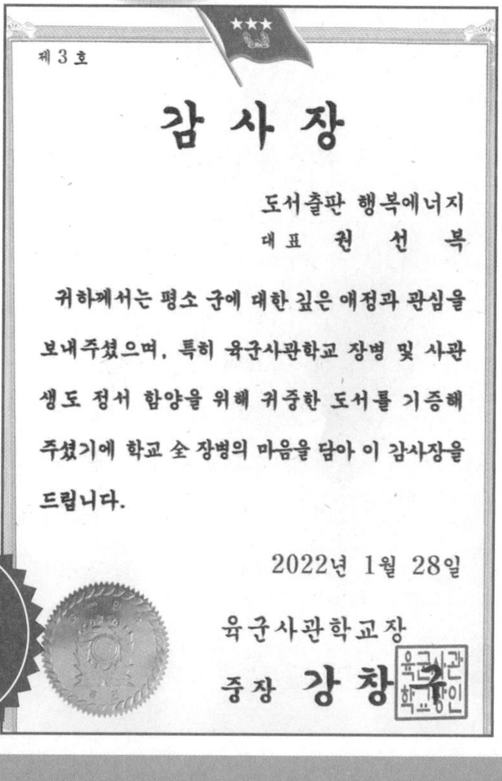